Regina Winkler
bolivien2023@gmail.com

HÖHEN UND TIEFEN BOLIVIENS

Die Reise einer Rentnerin
durch den Andenstaat

Text: Regina Winkler, bolivien2023@gmail.com
Fotos: Regina Winkler
Covergestaltung: Verlagshaus Schlosser
Satz und Layout: Verlagshaus Schlosser
ISBN 978-3-96200-791-1
Druck: Verlagsgruppe Verlagshaus Schlosser
D-85652 Pliening • www.schlosser-verlagshaus.de

Printed in Germany

INHALT

VORWORT

Meine Eindrücke während meiner Reise waren so intensiv, dass ich zuerst nur das Bedürfnis hatte, alles schriftlich festzuhalten, damit mir nichts verloren geht. Nach und nach entstand dann die Idee es in einem Buch zu veröffentlichen. Ich erzähle die Geschichte wie ich sie erlebt habe, ohne prosaische Schnörkel oder hinzugefügte spannende Momente. Dabei verzichte ich auf die heutzutage übliche Genderisierung. Bei allen Pluralbildungen, welche manchen Menschen in der männlichen Form erscheinen mögen, möchte ich die weibliche Form mit eingeschlossen wissen.

Danken möchte ich allen Menschen, die mir Mut machten, für dieses Buch. Mein besonderer Dank gilt meiner Freundin Cornelia, die mir sehr geholfen hat in Gestaltung von Form und Inhalt.

PARAGUAY

Der Ausgangspunkt meiner Reise nach Bolivien ist Paraguay. Unmittelbar nach meiner Pensionierung, vor wenigen Monaten, war ich mit meinem Lebenspartner nach Paraguay geflogen, mit der Absicht, uns dort dauerhaft niederzulassen. Zweimal war ich vorher schon dort zu Besuch gewesen und hatte mich in diesem Land sehr wohl gefühlt. Die Menschen und vor allen Dingen die Bäume hatten es mir angetan. Bei meinem ersten Besuch hatte ich eine kleine Rundreise gemacht und spontan gedacht, dies könnte das Land sein, in dem ich meinen »Lebensabend« verbringen möchte.

Dass die Wahl auf Paraguay fiel, hing stark mit meinem Sohn zusammen. Er verkündete mir eines Tages, dass er mit seiner Familie nach Paraguay auszuwandern gedenke. »Warum denn gerade Paraguay? Warum sucht ihr euch nicht ein anderes Land aus, welches Zugang zum Meer hat?«, war meine erste und spontane Reaktion. Dass Paraguay ein Binnenland in Südamerika ist wusste ich, doch damit waren meine Kenntnisse über dieses Land auch schon erschöpft.

Die Absicht meines Sohnes nach Paraguay auszuwandern, war dann auch der Anlass für meine erste Reise dorthin. Sozusagen um zu schauen, wo »das Kind« hinmöchte. Und, wie bereits erwähnt, fand ich die Atmosphäre in diesem Land sehr positiv. Bei meiner zweiten

Reise begleitete ich ihn und seine Familie, um sie bei der Ankunft in ihrer neuen Heimat unterstützen zu können. Hatten sie doch zwei Töchter im Alter von acht und fünf Jahren und ein drei Monate altes Baby.

Der Plan damals war, dass ich noch zwei weitere Jahre in meinem Beruf als Lehrerin bis zu meiner Pensionierung arbeiten werde und ihnen dann folge, um auch in Paraguay zu leben.

Soweit der Plan, die Realität gestaltet sich oft anders. Es war das Jahr 2020/2021. Die Coronazeit hatte in Deutschland ihr dauerhaftes Hochplateau erreicht. Pläne scheitern gelegentlich an Gegebenheiten – oder an politischen Vorgaben. Bei mir war es die Order des Hessischen Kultusministers, meine Schüler zur Impfung überreden zu müssen. Ich besann mich der Tatsache, dass ich nun mal Lehramt und nicht Medizin studiert hatte und damit keinerlei Berechtigung erworben habe, anderen Menschen Impfempfehlungen zu geben. Also weigerte ich mich, diese Order auszuführen und bekam prompt Schwierigkeiten mit der Schulleitung. Da mir nur noch ein Jahr bis zum Erreichen der vollen Pensionsbezüge fehlte, beschloss ich, mich ein Jahr vorzeitig in den Ruhestand versetzen zu lassen und damit einen dauerhaften Verzicht auf einen kleinen Teil meiner Altersbezüge in Kauf zu nehmen.

Somit hätte der ursprüngliche Plan, zu meinem Sohn und seiner Familie nach Paraguay zu ziehen, ein Jahr früher Wirklichkeit werden können. Doch wieder kam es anders, denn mein Sohn und seine Familie hatten nach vier Monaten in Paraguay beschlossen, dass es ihnen dort ganz und gar nicht gefällt und sie waren wieder nach Deutschland zurückgekehrt. Meine Mutter, die bei sehr vielen Gelegenheiten stets einen sinnigen Spruch auf Lager hatte, hätte an dieser Stelle gesagt: »Der Mensch denkt und Gott lenkt«. Doch ich wollte meine Entscheidungen nicht von denen meines Sohnes und dessen Familie abhängig machen und so beschlossen mein Lebenspartner und ich, trotzdem nach Paraguay zu reisen und dort ein neues Leben anzufangen. Wir flogen also im September 2022 nach Asunción (Hauptstadt von Paraguay) ohne einen konkreten Plan, wo wir uns niederlassen wollten. Letztlich landeten wir in einer deutschen Kolonie.

Deutsche Kolonie klingt irgendwie nach Kolonialherrschaft. Fakt ist, dass in Independencia, so heißt die Region, sehr viele Deutsche leben. Die ersten kamen vor circa 100 Jahren, weil der damalige Herrscher Paraguays ihnen das Land überlies, mit der Auflage, es urbar zu machen. Danach gab es weitere Einwanderungswellen und immer mehr Deutsche zog es in diese Gegend, ist sie doch mit ihrem etwas hügeligen Gelände heutzutage für wohlhabende Paraguayer sogar ein Urlaubsziel. Der höchste Berg Paraguays mit stattlichen 800 m befindet sich in dieser Region.

Wir mieteten ein Haus mit großem Garten und Pool. Alles zwar etwas heruntergekommen, aber trotzdem schön. Wie es schon vielen anderen vor uns gegangen war, so ist es auch uns ergangen: Deutsche, die schon länger vor Ort sind, stürzten sich wie die Geier auf uns, um uns zu »helfen«. Vieles von dem, was uns unter dem Deckmantel der »Hilfe« aufgeschwatzt wurde, kam uns dann teurer, als es eigentlich hätte sein müssen. Am Anfang ist man unsicher, kennt die Gegebenheiten nicht und ist sogar dankbar für jede Hilfe. Dass man dabei gelegentlich ordentlich über den Tisch gezogen wird, merkt man erst später. Doch man bleibt ja nicht immer dumm und unerfahren, irgendwann sammelten auch wir unsere Erfahrungen und lernten mit den Gegebenheiten besser umzugehen. Ich habe in Paraguay mit vielen Menschen gesprochen, denen es ähnlich ergangen war. Kaum einer, der da keine Geschichten zu erzählen hat. Der Spruch: »Gott hüte uns vor Sturm und Wind – und Deutschen, die im Ausland sind«, hat eben auch hier seine Gültigkeit.

Nachdem die ersten kostspieligen Hürden überwunden waren, kehrte Ruhe ein und ich fing an, mich in der neuen Heimat einzurichten. Es war ein ruhiges, eigentlich sehr leichtes Leben. Wenn man bereit ist, gewisse Abstriche zu machen, zum Beispiel was Ausstattung von Wohnraum, Auswahl von Gemüse oder Ausbau von Straßen betrifft, lässt es sich dort sehr gut leben. Doch genau diese Ruhe war es, die mehr und mehr anfing mich unruhig zu machen. Kontakte hatten wir in dieser deutschen Enklave eigentlich hauptsächlich mit anderen Deutschen und da wurde viel »geschwurbelt«. Ich meine damit, dass sehr viel über Deutschland gesprochen wurde, wie schlimm alles geworden sei und wie viel schlimmer es noch werden wird und wer daran schuld ist und wer bei allem dahintersteckt. Das ging mir zunehmend auf die Nerven. Egal mit welchem Thema ein Gespräch begann, es mündete immer im oben erwähnten Negativbereich. Ich kann es ja auch verstehen. Da waren sehr viele Menschen, die hatten in Deutschland alles aufgegeben, Haus verkauft, Familie hinter sich gelassen und so weiter. Und jetzt befanden sie sich in einem Land und in einer Region am A… der Welt und langweilen sich. Natürlich hilft es dann, wenn man das Zurückgelassene schlecht redet, damit man die getroffene Entscheidung nicht als Fehler verbuchen muss. Doch mir machte dieses ständige negative Gerede wirklich zu schaffen. Hinzu kam, dass auch mir langweilig wurde. Die Landschaft, abgesehen von den Hügeln in der Gegend wo wir wohnten, ist flach und öde, zum großen Teil sumpfig und hauptsächlich von grasenden Kühen bevölkert. Meine Beziehung hatte schon vor unserer Abreise zu kriseln begonnen und das wurde in der Ferne nicht besser. Ich wurde immer unzufriedener mit mir und meiner Situation. Ich war doch auf einen anderen Kontinent geflogen, um etwas Neues zu erleben und nicht, um mich zu langweilen. In gewissem Sinne erlebte ich ja tatsächlich etwas Neues, denn so langweilig wie in diesen Monaten, war mir in meinem ganzen bisherigen Leben noch nie gewesen!

Als Kind hatte ich mal einen Traum, den ich zeit meines Lebens nicht vergessen habe.

In diesem Traum befand ich mich in einer Welt, in der alles schön und harmonisch war. So stelle ich mir das Paradies vor. Tiefer Frieden und Harmonie. Ich hatte einen Begleiter, der stets an meiner Seite war und bei dem ich mich sehr geborgen fühlte. Es war ein Lama. Dieses Lama führte mich einen Berg hinunter und wir gelangten in das Dorf, in dem ich aufgewachsen bin. Dort verabschiedete sich das Lama von mir. Es sagte zu mir, dass ich nun alleine weiter gehen müsse. Ich war sehr traurig und fragte es, ob wir uns denn jetzt nie mehr wieder sehen werden. »Doch«, sagte das Lama, »wir werden uns wieder sehen. Du wirst zurück kommen.«

Seit diesem Traum hatte ich immer das Gefühl nach Südamerika reisen zu müssen.

Endlich war ich also zwar in Südamerika, aber in einem Land, in dem es keine Lamas gibt. Ferner hatte ich seit Jahrzehnten immer gesagt, dass es ein Lebenstraum von mir sei, einmal im Titicacasee zu baden. Warum ich das so gesagt hatte weiß ich gar nicht. Vielleicht, weil ich Abenteuer liebe und ein Bad in einem See, der 3800 m über dem Meeresspiegel liegt, schon etwas Abenteuerliches hat. Realistisch betrachtet befand ich mich jedoch – gelangweilt – in einem Land, welches mir nicht mehr besonders gut gefiel, und das an Bolivien grenzt, wo es Lamas gibt und den Titicacasee. Warum nicht eine Reise dorthin machen? Was hält mich davon ab? Wenn nicht jetzt, wann dann?

Doch da kam die Angst und das Sicherheitsdenken hoch. Gerade zu diesem Zeitpunkt, als ich mich mit Reisegedanken beschäftigte, gab es wieder politische Unruhen in Bolivien. Ein Couchsurfer, der kurz bei uns wohnte, war gerade aus Bolivien gekommen. Er berichtete von Straßensperren zwischen Santa Cruz und La Paz. Eine Busreise zwischen diesen beiden Städten sei nicht möglich, weil die Straßen blockiert seien. Eigentlich hatte ich überlegt, mit dem Bus von Asunción nach Santa Cruz de la Sierra zu fahren und von dort aus weiter nach Sucre oder La Paz. Im Nachhinein bin ich den Menschen dankbar, welche die Straßensperren organisiert haben, denn alleine von Asunción nach Santa Cruz fährt man schon mehr als 20 Stunden und dann noch einmal etwa die gleiche Zeit bis nach Sucre.

Ich schaute mir die Seite des Auswärtigen Amtes über Bolivien an. Da kam ich wieder ins Zögern, denn es wurde ausführlich beschrieben, wie gefährlich es sei, in diesem Land zu reisen. Doch danach öffnete ich die Seite des Auswärtigen Amtes über Paraguay und da stand fast identisch der gleiche Text. Naja, und Paraguay konnte ich einschätzen, da befand ich mich ja gerade und sehr vieles, was ich jetzt über Paraguay las, konnte ich nicht bestätigen. Den Ausschlag, die Reise doch anzutreten, gab schließlich ein Buch, welches mir bei Kindle »zufällig« vorgeschlagen wurde. Da berichtete eine Frau, die genau mein Alter hat, wie sie alleine durch ganz Südamerika gereist ist. Das machte mir Mut und ich buchte kurzerhand einen Flug nach Sucre, der Hauptstadt von Bolivien, mit Zwischenlandung in Santa Cruz de la Sierra.

Zum Glück hatte ich Sucre gewählt und nicht La Paz, denn im Unterschied zu La Paz liegt Sucre »nur« auf 2800 m.

SUCRE

Sucre ist die Hauptstadt von Bolivien, wer hätte das gedacht? Für mich war immer klar, dass La Paz die Hauptstadt sei, das stimmt aber nur zum Teil. In La Paz befindet sich zwar der Regierungssitz des Landes, die konstitutionelle Hauptstadt ist aber Sucre. Außerdem gehört Sucre zum UNESCO Weltkulturerbe, weil sie eine der am besten erhaltenen Kolonialstädte Südamerikas ist.

Der Flug ist schön, der Flughafen von Sucre klein, überschaubar und ziemlich weit außerhalb. Einen Bus in die Stadt gibt es nicht, dafür aber Kleintransporter, die immer dann losfahren, wenn sie mit Fahrgästen gefüllt sind. Für zehn Bolivianos, das sind circa 1,40 Euro, ist die Fahrt auch nicht teuer. Meine Reisetasche wird aufs Dach verladen, ich steige ein und wähle einen Einzelsitz. Ganz in meiner Nähe sitzt ein Ehepaar. Die Frau recht korpulent und mit ihrem dunklen Kleid und ihrer Frisur wirkt sie etwas altmodisch gekleidet auf mich. Der Mann recht dünn und hager. Sie unterhalten sich in einer Sprache, die ich gar nicht zuordnen kann. Ein bisschen klingt es wie Deutsch, aber dann doch nicht. Ich spreche sie auf Spanisch an und frage sie, in welcher Sprache sie denn sprechen.

»Wir sprechen Deutsch«, antworten sie auf Spanisch.

»Nein«, widerspreche ich, »das ist kein Deutsch. Deutsch verstehe ich, denn ich komme aus Deutschland.«

Sie lachen und sprechen ab sofort in klarem, deutlichem Deutsch mit mir weiter. Sie seien Mennoniten und leben in der Nähe von Santa Cruz, erzählen sie mir. Dann erfahre ich noch, wo die Urgroßväter gelebt haben und vieles mehr. Es ist eine kurzweilige Fahrt.

Mennoniten haben sich viele in Paraguay angesiedelt. Dass es sie auch in Bolivien gibt, lerne ich auf dieser Busfahrt. Es handelt sich dabei um eine Glaubensgemeinschaft, die ihren Ursprung in der Reformationszeit hat. Der Gründer dieser Gemeinschaft hieß Menno Simons. Sie lebten in Norddeutschland und den Niederlanden. Es ist ihnen wichtig, ein einfaches, gottesfürchtiges Leben zu führen. Sie legen Wert auf ihre Eigenständigkeit als Gemeinschaft, wobei ihnen der Erhalt ihrer religiösen Kultur, ihrer Sprache und ihres Lebensstils sehr wichtig ist. Sie lehnen Militärdienst ab und gerieten damit im Laufe der Jahrhunderte immer wieder in Konflikte mit den Obrigkeiten des jeweiligen Landes, in dem sie lebten. Von Norddeutschland wanderten viele Familien nach Russland und der heutigen Ukraine aus, dem Lockruf Katharina der Großen folgend. Nach der Oktoberrevolution in Russland im Jahre 1917 war das neue Regime nicht mehr bereit den Mennoniten ihre Freiheiten zu gewähren und vor allem zu tolerieren, dass sie keinen Militärdienst leisten wollten. Deshalb wanderten viele Familien nach Kanada aus, wo ihnen das versprochen wurde, was ihnen wichtig war.

Doch auch die kanadischen Behörden wollten auf die Dauer nicht dulden, dass in mennonitischen Schulen kein Englischunterricht erteilt wurde und fingen an sich einzumischen. Daraufhin führte eine Gruppe von Mennoniten Verhandlungen mit Paraguay. Dort kauften sie viel Land im Chaco und fingen an Ackerbau und vor allem Viehzucht zu betreiben.

Ich bin auf jedem meiner Flüge von Deutschland nach Paraguay Mennoniten begegnet. Man erkennt sie sehr oft, an ihrem Äußeren. Die Männer tragen entweder Jeans und karierte Hemden oder Latzhosen und kariertes Hemd. Die Frauen stets lange Röcke und oft ihre Haare in zwei geflochtenen Zöpfen oder unter einer Kopfbedeckung. Das mag jetzt sehr Klischeehaft klingen, ist aber die Beobachtung, die ich gemacht habe.

Der Chaco ist ein recht unwirtlicher Landstrich im nördlichen Paraguay und östlichen Bolivien, mit sehr heißen Sommern und wenig Wasser. Gerüchten zufolge soll es dort Erdöl geben, welches die Amerikaner sich schon gesichert hätten. Jedenfalls herrschen dort Lebensbedingungen, die für Europäer sehr herausfordernd sind, vor allem im Sommer.

Als der Bus die Endstation erreicht hat, verabschiedet sich das Paar ganz lieb von mir. Ich stehe irgendwo in Sucre auf einer Straße, aber ich weiß genau wo ich bin und wo ich hin muss, denn das hatte ich im WLAN Bereich am Flughafen per Google Maps vorbereitet. Solange man den Standort am Handy angeschaltet lässt, funktioniert die Ortung auch ohne Internet und der Stadtplan bleibt auch erhalten.

Taxi nehmen oder laufen? Vor dieser Frage stehe ich nun. Ich entscheide mich fürs Laufen. Eine Entscheidung, die ich ein zweites Mal so nicht mehr treffen würde, denn es ist ganz schön warm an diesem Tag und der Weg nicht so kurz, wie ich vermutet hatte. Außerdem spüre ich die 2800m Höhe. Es ist gerade Schulschluss und ich muss meinen Weg durch Massen von Schülern bahnen, welche alle Schuluniform tragen und die meisten eine Mundschutzmaske. In Bolivien ist es im Februar 2023 noch Vorschrift, dass die Schüler im Unterricht eine Mundschutzmaske tragen müssen. Doch das weiß ich zu diesem Zeitpunkt noch nicht und wundere mich nur.

Wie gesagt, noch einmal in der gleichen Situation, hätte ich mich für ein Taxi entschieden. Aber es ist meine Entscheidung. Ich habe sie ganz alleine getroffen. Ich musste sie nicht ausdiskutieren, nicht meinen Willen gegen jemand anderen durchsetzen und auch keinen Kompromiss eingehen. Ich habe einfach die Entscheidung getroffen, zu Fuß zu gehen, Punkt. Das genieße ich, auch wenn der Weg doch etwas lang, die Reisetasche immer schwerer und meine Kurzatmigkeit immer schlimmer wird. Ich genieße dieses Gefühl der Freiheit.

Mein erster Eindruck von Sucre: Es ist schön hier! Die Häuser sind vorwiegend im Kolonialstil und allesamt weiß. Deshalb nennt man Sucre wohl auch die »weiße Stadt«. Die engen Gassen sind alle Einbahnstraßen, sodass der Verkehr überschaubar ist und – anders als in Paraguay –fahren sehr wenige Motorräder herum.

Heute ist der 14. Februar, Valentinstag. Man sieht sehr viele der Schulmädchen mit einer Rose oder einem Blumenstrauß in der Hand. Auch viele Jungs und Männer sieht man mit Blumen. »Das sind diejenigen, die ihre Blumen noch überreichen werden«, denke ich. Valentinstag scheint hier sehr hoch gehalten zu werden.

Das Hostel überrascht mich sehr positiv. Hinter einer dunklen schweren Holztür liegt ein wunderschöner dreistöckiger Kolonialbau mit Balustraden, Balkons und einem wunderbarem großem Garten. Im Garten sind überall kleine Sitzecken oder Hängematten. Junge Leute sitzen an den Tischen oder chillen in den Hängematten. Das Ganze hat eine frohe und gelöste Atmosphäre.

Die junge Frau an der Rezeption spricht mich sofort auf Englisch an. Das überrascht mich. Hatte ich nicht überall gehört, in Südamerika komme man mit Englisch nicht weiter? Eigentlich ist das auch so, aber in bolivianischen Hostels bin ich oft auf Englisch angesprochen worden. Zum Teil beleidigt es mich sogar, weil ich daraus den Schluss ziehe, dass mein Spanisch so schlecht sei, dass sie auf Englisch wechseln. Das ist aber gar nicht so. Die Bolivianer, die Englisch können, möchten dies natürlich auch anwenden, so wie ich mein Spanisch.

Jedenfalls ist die Angestellte super nett und freundlich. Sie zeigt mir mein Zimmer und die Küche.

Das Zimmer ist ein wirklich gemütliches Zimmer mit zwei Stockbetten und eigenem Bad. Mir fällt sofort auf, dass die Fliesen im Bad ordentlich verlegt sind und die Dusche eine ganz normale Dusche ist, so wie wir in Europa sie kennen. Keine Elektrodusche, wie ich das aus Paraguay kenne und die den Beinamen »Todesdusche« trägt, weil die ganze Elektrik sich in dem Duschkopf befindet und es wohl gelegentlich auch zu tödlichen Duschunfällen kommt.

Ferner fällt mir auf, dass jeder Tisch mit einer geschmackvollen bunten Tischdecke belegt ist, vor den Fenstern hängen Gardinen und überhaupt ist alles darauf ausgerichtet, ein bisschen schön zu sein. Das habe ich in Paraguay bisher so nicht erlebt. Dort ist alles eher funktional (wenn man Glück hat!) und meistens ein bisschen heruntergekommen, zumindest in dem Low-cost Bereich, in dem ich reise.

Ich bekomme ein Unterbett. Wegen meines Alters habe ich auf der ganzen Tour immer Unterbetten bekommen. Nur einmal war es nicht möglich und da entschuldigte man sich ganz arg bei mir. Ehrlich gesagt sind mir mittlerweile Unterbetten auch wirklich lieber, vielleicht hat das ja tatsächlich etwas mit dem Alter zu tun.

Am Spätnachmittag kommt eine neue Mitbewohnerin an. Eine supernette junge Amerikanerin namens Autumn. Sie hat sich drei Monate Auszeit gegönnt und bereist während dieser Zeit Südamerika. Wir sind uns sofort sympathisch und beschließen am Abend zusammen essen zu gehen. Natürlich kommt unser Gespräch auch auf die allgemeine Weltpolitik zu sprechen. Ich finde es erstaunlich, wie harmonisch und voller Übereinstimmung dieses Gespräch ist. Sie versichert mir, dass auch in Amerika sehr viele Menschen den Entwicklungen der vergangenen Jahre sehr kritisch gegenüber stehen. Ich kann es kaum glauben. Ich unterhalte mich mit ihr wie mit einer Gleichaltrigen, den Altersunterschied von ca. 40 Jahren spüre ich gar nicht. Wir vereinbaren, am nächsten Tag die vom Hostel angebotene Stadtführung durch Sucre gemeinsam zu unternehmen.

Außer Autumn und mir ist noch ein junger Chilene bei der Stadtführung am darauffolgenden Tag dabei. Der Guide – ein freundlich aussehender Mann in den 40ern, dem man deutlich indigene Vorfahren anmerkt – kommt pünktlich um 10 Uhr. Er wirkt gemütlich und sympathisch.

Wir gehen ein Stück durch die Straßen und ich stelle erneut fest, dass Sucre einfach nur schön ist. Dass die Häuser alle in weiß gestrichen sind hängt damit zusammen, dass es steuerliche Vorteile für die Hausbesitzer gibt, wenn das Haus weiß ist, erklärt uns unser Führer. Deshalb seien in Sucre fast alle Häuser weiß und Sucre habe den Beinamen »die weiße Stadt«.

Als Erstes führt er uns zum ganz in der Nähe gelegenen »Plaza de Armas«. Das ist der zentrale Platz der

Stadt, aber eigentlich ähnelt er eher einem Park. Es ist der Platz, an dem die Unabhängigkeit Boliviens ausgerufen wurde.

Ein wunderschöner gepflegter Platz, mit Bäumen, Grünflächen und kunstvoll angelegten Blumenbeeten. Ich staune Bauklötze, wie gepflegt hier alles ist. Wenn ich das mit den Grünanlagen in Paraguay und speziell denen in der Hauptstadt Asunción vergleiche, wirkt dieser Platz mondän und reich. In Sucre gibt es ganz viele kleinere und größere Parks und Grünanlagen und alle sind außerordentlich schön und gepflegt.

Wir stehen vor der Basilika de San Francisco und unser Führer erzählt uns von den Kämpfen und Aufständen der indigenen Bevölkerung gegen die Kolonialherrschaft der Spanier. Im Jahre 1809 seien die Aufstände dann endlich erfolgreich gewesen. Er macht uns auf die Glocke im Glockenturm aufmerksam, welche einen deutlich erkennbaren Riss hat. Diese Glocke sei, in den Tagen der Aufstände, von der indigenen Bevölkerung tagelang geschlagen worden. Die Bevölkerung habe geschrien, geschrien und geschrien und ständig auf die Glocke geschlagen. Nach Tagen des Protestes sei die Glocke zersprungen, aber der Funke der Unabhängigkeitsbewegung habe sich im ganzen Land ausgebreitet.

Dies erzählt unser Führer sehr anschaulich und emotional. Während seiner Erzählung schlägt auch er auf eine imaginäre Glocke ein und demonstriert das Geschrei der Indigenen aktiv mit seiner Erklärung: »y gritan, y gritan, y gritan« trägt er fast schreiend vor. Die zersprungene Glocke hängt heute noch im Turm, als Wahrzeichen für den Unabhängigkeitskampf.

Die folgende Zusammenfassung bezüglich der Unabhängigkeit Boliviens habe ich von der Seite Bolivien.de übernommen:

»Der Freiheitsruf »Grito de la Libertad« am 25. Mai 1809 in Sucre entfacht endgültig den Freiheitskampf gegen die spanische Monarchie. Im ganzen Land gibt es weitere Aufstände. In den folgenden Jahren gibt es zahlreiche Kämpfe gegen die Spanier in vielen Ländern Südamerikas. Anführer ist der Freiheitskämpfer Simón Bolívar. Am 6. August 1825 wird endlich die »Republica de Simón Bolívar« ausgerufen, woraus später die Abkürzung Bolivien wird. Bolívar wird erster Präsident der unabhängigen Republik, gibt das Amt jedoch bereits nach kurzer Zeit an seinen Stellvertreter Antonio José de Sucre ab«.

Anschließend gehen wir auf den Markt. Ich bin überwältigt von dem Angebot an Gemüse und Obst. Auf jedem Marktstand türmen sich Gemüsesorten verschiedenster Art, nicht alles kenne ich. Genauso verhält es sich mit den Früchten. Eigentlich erwartet man das ja auch von Märkten in Südamerika. Unzählige Fotos von den reichgefüllten Märkten Südamerikas hatte ich schon gesehen und auf einer vergangenen Reise vor einigen Jahren auch erlebt. Nur, jetzt hatte ich mehr als ein halbes Jahr in Paraguay gelebt, wo die Auswahl an Obst und Gemüse sehr begrenzt ist. Um so mehr schlägt mein Herz jetzt höher, bei diesem Angebot. Hinzu kommt, dass in Bolivien unglaublich viele verschiedene Sorten von Kartoffeln angeboten werden. So viele unterschiedliche Kartoffeln habe ich weder in der Menge noch in der Auswahl jemals zuvor gesehen. Laut unserem Guide gibt es alleine in Bolivien 2000 verschiedene Sorten von Kartoffeln, in ganz Südamerika seien es 4000.

Wikipedia behauptet, weltweit gebe es 2000 verschiedene Kartoffelsorten und davon seien 210 Sorten in Deutschland zugelassen. Ich finde es merkwürdig, dass man als Kartoffel eine Zulassung braucht, um in Deutschland wachsen zu dürfen. Aber das nur nebenbei.

Bei einem Marktstand bleiben wir stehen und unser Guide begrüßt die Marktfrau herzlich. Sie erklärt uns verschiedene Früchte, wie sie heißen, wofür man sie verwendet etc. Zum Teil kenne ich die Früchte nicht, diese kaufe ich dann, um sie zu probieren.

Als nächstes führt er uns in das Obergeschoss des Marktes, wo sich die »Restaurants« befinden. Jeder größere Markt in Südamerika hat eine Abteilung in der man, meiner Erfahrung nach, sehr gut und vor allem sehr preisgünstig essen kann.

Das Essen auf einem Markt in Südamerika hat für mich stets ein ganz besonderes Flair. Je nach Marktgröße gibt es fünf, zehn, zwanzig, oder mehr verschiedene Nischen, wo Frauen ihr Essen anbieten. Wasseranschluss, Strom und Gas ist in jeder Kochnische vorhanden. Davor stehen Plastiktische und Plastikstühle, auf manchen Märkten sogar lange Holztische, ähnlich unseren Bierzeltgarnituren. So befindet sich eine Anbieterin neben der nächsten, eigentlich ähnlich den »Foodcourts«, die es in vielen Einkaufszentren gibt, nur wesentlich einfacher gestaltet. Auf den Gasflammen stehen große Töpfe, in denen die verschiedenen Gerichte auf Kundschaft warten. Die Frauen rufen lautstark, welche Speisen sie anbieten und versuchen damit Kundschaft anzulocken. Außerdem kann man das Angebot in der Regel auch auf großen Tafeln lesen, welche mit Kreide beschrieben sind. Ich habe schon öfter auf südamerikanischen Märkten gegessen und es nie bereut, auch wenn es auf den ersten Blick nicht immer sehr hygienisch erscheint. Mein Lieblingsgericht, welches es auf jedem Markt gibt, ist »sopa de pollo« (Hühnersuppe). Man bekommt wirklich eine Suppe in der ein Huhn gekocht wurde, mit Gemüse und einem deftigen Stück Hühnerfleisch. Meist wird noch ein Löffel kleingehackte Petersilie darüber gestreut.

Wir werden zu einem dieser Kochstände geführt. Die Chefin begrüßt unseren Führer sehr herzlich. Es ist eine Frau mittleren Alters mit kräftigen Armen. Auf dem Kopf trägt sie ein Haarnetz. Dies sei Vorschrift, erklärt sie uns. Sie zeigt uns, welche Speisen es an diesem Tag gibt und auch die Zutaten. Natürlich werden wir eingeladen bei ihr zu essen, doch noch ist es am Vormittag und keiner von uns ist hungrig.

Unsere Gruppe zieht weiter. Allerdings hat sich jetzt der Himmel verdunkelt und es ist nur eine Frage der Zeit, wann es zu regnen anfangen wird. Deshalb werden wir in ein Café geführt, welches ganz in der Nähe ist. Auch das Café ist eine Attraktion. Es befindet sich in einem Glockenturm, der wohl früher mal zu einer Kirche gehört haben muss. Auf der unteren Etage befindet sich eine kleine Bar mit Kaffeemaschine. Ein Stockwerk höher ist ein weiterer kleiner Raum in welchem ein Tisch und vier Stühle stehen, darüber das Gleiche und darüber noch einmal. Wir gehen ganz nach oben zu einer überdachten Plattform mit Brüstung. Von da haben wir einen herrlichen Ausblick auf die Stadt und auf den Regen, der jetzt heftig niederprasselt.

Die Stufen nach oben zu steigen ist schon recht anstrengend; ich bin ganz gut am Schnaufen. Kokablätter würden helfen, um mit der Höhe besser zurecht zu kommen, bekomme ich erklärt. Das hatte ich auch schon von meiner Tochter gehört, die in früheren Jahren eine Reise durch die Hochanden unternommen hatte. Sobald ich Gelegenheit bekomme, werde ich welche kaufen.

Der Regen hört genauso schnell wieder auf, wie er angefangen hat. Ich kann meine Tasche mit Früchten in dem Café lassen und später wieder abholen, damit ich sie nicht die ganze Zeit mit mir herum schleppen muss.

Wir nehmen einen der vielen Kleinbusse und fahren den Berg nach oben zum Kloster »Monasterio de la Recoleta«. Auch von da hat man einen super schönen Blick auf die Stadt. In dem Kloster befindet sich ein Museum für Kunsthandwerk, welches aber zu dieser Zeit wegen Karneval geschlossen ist.

»Schade«, denke ich, denn dieses Museum hätte ich mir sehr gerne angeschaut.

Unser Guide macht uns noch auf einen Weg aufmerksam, der neben dem Kloster beginnt, und zu einer Jesus Statue hoch oben auf dem Berg führt. Danach laufen wir die Straße steil bergab und landen wieder auf dem »Plaza de Armas«. Dort endet die Stadtführung, die nicht sehr lang, aber trotzdem sehr interessant war. Ich muss nun meinen Weg alleine zu dem Turmcafé finden, wo die Früchte auf mich warten. Nach etwas herumirren schaffe ich es auch. Danach laufe ich zurück zum Markt, weil ich jetzt doch Hunger verspüre. Außerdem möchte ich ja auch Kokablätter besorgen.

Den Kochstand, zu dem wir geführt wurden finde ich in der Menge der Stände nicht mehr. Also esse ich an einem anderen Stand und bekomme meine geliebte »sopa de pollo«. Auch diesmal schmeckt sie mir wider vorzüglich. Danach mache ich mich auf die Suche nach einem Stand, wo man Kokablätter kaufen kann. Ich muss allerdings feststellen, dass dies gar nicht so einfach ist. Die Gemüsestände haben es nicht. Ich erfahre, dass es eine einzige Frau auf dem Markt gibt, die welche verkauft.

Diese ist allerdings heute nicht da. Also beschließe ich, mich etwas auszuruhen und gehe zurück zum Hostel, welches nicht weit entfernt ist.

In meinem Zimmer lerne ich jetzt die anderen Mitbewohnerinnen kennen. Eine junge deutsche Frau, welche sich ein »Ausjahr« genommen hat und durch Südamerika reist und eine Medizinstudentin aus Düsseldorf. Wir sind also drei Deutsche und eine Amerikanerin im Zimmer. Wir unterhalten uns gut. Wenn Autumn dabei ist wird Englisch gesprochen, wenn sie nicht da ist sprechen wir Deutsch. Bei so einer Gelegenheit kommt das Thema Corona auf und die gute Stimmung kippt ins Negative. Die Medizinstudentin ist natürlich voll auf Spur. Jeglicher Ansatz einer kritischen Auseinandersetzung mit der Politik oder den Maßnahmen werden von dieser besserwissenden Medizinerin im zweiten Semester vehement abgewehrt. Dafür bekomme ich dann gesagt, wie es richtig ist. Ich bewundere Menschen, welche die Wahrheit kennen und wissen, was richtig ist. Ich weiß es leider immer noch nicht.

Die andere deutsche Frau ist schon länger in Sucre und besucht eine Sprachschule. Das bringt mich auf die Idee, auch ein paar Unterrichtsstunden in Spanisch zu nehmen. Ich möchte sowieso circa eine Woche hierbleiben, um mich langsam an die Höhe zu gewöhnen. Also könnte ich die Zeit auch nutzen, um mein Spanisch etwas aufzupolieren. Ich kann mich zwar auf Spanisch unterhalten und verstehe es auch ganz gut, aber ich habe den Anspruch an mich, dass ich es gerne annähernd fehlerfrei sprechen können möchte. Davon bin ich noch weit entfernt. In Deutschland hatte ich über Jahre viel Zeit und Geld investiert, die Sprache zu lernen. Angefangen mit Volkshochschule, dann ein Aufenthalt in Ecuador und kurz vor meiner Abreise nach Paraguay regelmäßigen Onlineunterricht mit Spanischlehrern weltweit. Ich habe mir, was das betrifft, ein hohes Ziel gesetzt, indem ich mir vorgenommen habe so gut Spanisch sprechen zu können wie Englisch. Für eine ehemalige Englischlehrerin ein wirklich hohes Ziel, vermute ich. Im Moment bin ich auf einem Stand, wo ich sehr viel verstehe und mich auch fließend unterhalten kann. Doch es strengt mich immer noch an, Spanisch zu sprechen und ich bin mir bewusst, dass es grammatikalisch oft inkorrekt ist. In Paraguay hatte ich ja kaum Gelegenheit Spanisch zu üben, weil wir uns fast ausschließlich bei Deutschen aufgehalten haben.

An der Rezeption erfahre ich, dass im Hostel Privatunterricht angeboten wird, zu einem sehr erschwinglichen Preis. Also vereinbare ich für den nächsten Tag eine Doppelstunde. Die Lehrerin kommt ins Hostel. Umso besser.

Und so lerne ich Carolina kennen, eine Frau so um die 40 mit sehr netter Ausstrahlung. Natürlich kommt sie später als vereinbart war, aber das hatte ich auch gar nicht anders erwartet, schließlich sind wir in Südamerika. Wir sind uns sofort sympathisch und ich lerne viel bei ihr. Sie macht mich auf einige Fehler aufmerksam, die sich bei mir eingeschlichen haben, insbesondere bei den Zeiten der Vergangenheit! Theoretisch kann ich sie alle, aber ich benutze sie eben nicht immer richtig. Da ich im Gespräch mit Leuten trotzdem immer verstanden werde, macht mich auch niemand darauf aufmerksam, dass es eigentlich falsch ist.

Nach dem Unterricht gehen wir noch auf den Markt zusammen Mittagessen. Dabei erklärt sie mir, dass heute ein ganz besonderer Tag im Jahr sei, »el dia de las komadres«. Sie erklärt mir, dass die Frauen an diesem Tag alleine feiern gehen, mit ihren »Komadres« und danach bekomme ich eine lange Erklärung über das Brauchtum der Komadres, aber ich verstehe es nicht. Das liegt jetzt nicht an meiner sprachlichen Inkompetenz, sondern ich verstehe das Brauchtum nicht. Das Wort im Spanischen bedeutet eigentlich soviel wie »Taufpate«, aber auch »Hebamme«, unter Umständen auch »beste Freundin«. Ich glaube die Definition »beste Freundin« kommt dem Brauchtum wohl am nächsten, wird aber sehr offen gehandhabt. Es ist Faschingsdonnerstag und die bolivianische Tradition klingt für mich ähnlich dem deutschen »Altweiberfasching«, wobei ich mir aber aufgrund der aktuellen Genderdiskussion unsicher bin, ob dieser Ausdruck heute überhaupt noch erlaubt ist.

Beim Mittagessen auf dem Markt merke ich, dass Carolina etwas auf dem Herzen hat. Sie setzt an etwas zu sagen und bricht wieder ab. Nach etwas Zögern fragt sie mich dann, ob ich am Abend schon etwas vor hätte. Ihre Schwester würde eine Feier machen, zu der nur Frauen eingeladen sind, um den Abend der »Komadres« zu feiern. Wenn ich Lust hätte, könnte ich mitkommen. Natürlich habe ich Lust und ich empfinde es als große Ehre, eingeladen zu werden. Und so kommt es, dass ich jetzt »Komadre« bin von einigen Frauen in Sucre, die ich gar nicht kenne und vielleicht auch nie mehr wieder sehen werde. Aber bei Facebook bin ich jetzt mit allen Teilnehmerinnen dieses Abends »befreundet«.

Als wir den Essensbereich des Marktes verlassen überqueren wir den zentralen Platz des Marktes, da wo ich am Vortag die Früchte gekauft hatte. Dieser ist jetzt überfüllt mit Menschen. In verschiedenen Bereichen des Platzes sitzen Frauen auf Stühlen in sehr festlicher Tracht. Weite, Röcke in leuchtenden Farben, darüber Schürzen mit aufwändigen Bordüren und Stickereien.

»Was sind das denn für Frauen?«, frage ich Carolina.

»Das sind die Komadres des Marktes«, antwortet sie.

Immer noch verstehe ich nicht, was es mit diesem Brauchtum auf sich hat.

Carolina und ich verabschieden uns voneinander und ich gehe zurück zum Hostel. Dass es Karnevalszeit ist, kann nicht überhört werden. Schon in den vergangenen Tagen zogen Blaskapellen durch die Stadt, die alle die gleiche Melodie spielen, in immerwährender Wieder-

holung. Begleitet werden sie von Menschen, die ihnen folgen, wahrscheinlich der gleiche Verein, die gleiche Schule oder ähnliches. Am Wegrand stehen Leute mit Sprühflaschen, mit denen sie sich entweder gegenseitig oder die Musikanten mit weißem Schaum einsprühen. Dabei haben die Menschen richtig Spaß, wenn sie jemanden so richtig einsprühen können, dass er danach aussieht wie ein Schneemann. Was für ein Schaum aus den Spraydosen kommt, kann ich nicht sagen, er scheint aber harmlos zu sein, denn ich wurde Zeuge einiger Attacken, bei denen jemand diesen Schaum direkt ins Gesicht gesprüht bekommt und sogar in die Augen. Die Attackierten machten nicht den Eindruck, dass sie jetzt Schmerzen in den Augen hätten. Von einem Spraydosen Angriff bin ich zum Glück verschont geblieben während der ganzen Zeit, nicht aber vor einer Wasserattacke, denn ein weiterer Spaß ist es nämlich, kleine Luftballons mit Wasser zu füllen und damit entweder die Musikanten oder sich gegenseitig zu bewerfen. Sowohl die Sprühflaschen als auch die Wasserbomben kann man am Straßenrand erwerben. An jeder Kreuzung sitzen indigene Frauen auf Campingstühlen und verkaufen Sprühflaschen, Wasserbomben und »Tigermilch«. Dies ist ein gelblich weißes Getränk, welches sie aus Eimern schöpfen. Es wird dann entweder in Bechern ausgeschenkt oder in Flaschen abgefüllt verkauft. Natürlich werden an den meisten dieser Verkaufsstationen auch Süßigkeiten angeboten. Bolivianer lieben Zucker.

Ich recherchiere im Internet, was Tigermilch ist. Es besteht aus Milch, Zucker, rohem Eigelb, Zimt, Vanille, Maisstärke und jede Menge Singani. Dies ist ein hochprozentiger Weinbrand, ein Nationalgetränk von Bolivien. Bei Carolinas Schwester kann ich Tigermilch probieren. Sie hatte eine Flasche im Supermarkt gekauft. Es schmeckte mir wirklich gut, aber an der Straße würde ich sie nicht kaufen wollen.

Der Friedhof von Sucre soll sehr interessant sein, wurde während der Stadtführung erwähnt. Also beschließe ich am Nachmittag dort hin zu gehen. Es ist nicht weit, man kann es gut fußläufig erreichen. Immer wieder treffe ich auf Blaskapellen, die die Straße entlang ziehen, begleitet von Teilnehmern und Zuschauern. Es sind Orchester der verschiedenen Schulen, welche an diesem Tag durch die Straßen ziehen, wird mir erklärt. Wenn ich die Altersstruktur der Bläser betrachte, sind da wohl auch viele Lehrer und Hausmeister im Ensemble. Beim Friedhof angekommen, erlebe ich eine Überraschung. Ein Wachmann am Eingang erklärt mir, dass er jetzt für Besucher geschlossen sei, nur Angehörige von Verstorbenen dürften ihn betreten. Auch bei meinem zweiten Versuch am darauffolgenden Tag werde ich abgewiesen. Insgesamt habe ich drei Versuche unternommen den Friedhof zu besichtigen und bin jedes Mal abgewiesen worden mit unterschiedlichen Argumenten. Er sei nur vormittags geöffnet, jetzt wäre er gerade geschlossen. Ob es geholfen hätte, wenn ich einen Schein gezückt hätte? Vielleicht schon. Aber auf diese Idee bin ich mit meiner deutschen Sozialisation gar nicht gekommen.

Um zur Feier ihrer Schwester zu gelangen will Carolina mich um 19 Uhr im Hostel mit ihrem Motorrad abholen. Einen zusätzlichen Helm hat sie nicht. Okay, ich mag ja Abenteuer. Wird schon gut gehen. Ich erwarte nicht, dass sie um 19 Uhr da ist, was sich dann auch bestätigt. Als ich 19:15 Uhr Richtung Rezeption gehe, bekomme ich einen Anruf von ihr: Sie kann nicht in die Stadt fahren, wegen der Karnevallsumzüge. Ich soll mir ein Taxi nehmen und zur »Esquina de la Cobolde« fahren.

Und jetzt hat das Lesen der Seite des Auwärtigen Amtes doch seine Spuren bei mir hinterlassen. Stand da nicht ausdrücklich, man soll nie in ein unbekanntes Taxi steigen, weil die Taxifahrer Touristen irgendwohin außerhalb fahren würden und dort ausrauben? Ich gehe zur Rezeption, wo jetzt ein sehr freundlicher junger Mann arbeitet, der allerdings kein Englisch spricht. Diesen frage ich, ob es denn sicher sei mit einem Taxi zu fahren.

»Ja, ja, da brauchst du keine Angst haben«, versichert er mir. »Es könnte nur sein, dass du jetzt kein Taxi bekommen wirst, weil sie wegen der Paraden nicht in die Stadt fahren können.«

Dann erklärt er mir, in welche Straße ich gehen solle, wo es vielleicht noch möglich sei, dass ein Taxi dort durch kommt.

Ich vertraue der Aussage dieses Herrn mehr als dem Schreiber der Seite des Auswärtigen Amtes. Eine gute Entscheidung. Während meiner gesamten Reise bin ich recht viel mit Taxis gefahren und habe nie schlechte Erfahrung gemacht. Einmal, es war in Oruro, habe ich sogar meine Reisetasche im Taxi gelassen, bin ausgestiegen, um herauszufinden, ob es die Adresse der Herberge ist. Dies ist eigentlich etwas, was man nie und nimmer tun sollte, weil es dem Taxifahrer die Gelegenheit gibt mit der Tasche zu verschwinden. Aber auch das ging gut. Der Taxifahrer wartete und dann suchte er mit mir weiter, bis wir das Hostel gefunden hatten.

»Die Fahrt kostet ungefähr acht Bolivianos«, gibt mir der Herr an der Rezeption noch mit auf den Weg. Ich gehe in die von ihm empfohlene Seitenstraße und tatsächlich kommt da gerade ein Taxi angefahren. Die Frage nach dem Preis wird mit »zwölf Bolivianos« beantwortet. Das sind vier mehr, als der Mann im Hostel mir genannt hatte. Ich willige trotzdem ein, denn es sind weniger als 2 Euro und dafür darf ich mich in Deutschland nicht mal in ein Taxi hineinsetzen. Außerdem habe ich wenig Spielraum für Verhandlung. Wer weiß, ob ein anderes Taxi es überhaupt schafft, in die Innenstadt vorzudringen. Viele Straßen sind abgesperrt, wegen Karneval.

Die Fahrt geht auch ganz schön lange und am Ende erwartet mich tatsächlich Carolina. Das überrascht mich positiv, denn ich hatte mit mehr Komplikationen gerechnet. Ich habe keine bolivianische SIM-Karte, von daher bin ich völlig ohne Internet, sobald ich den Wlan-Bereich des Hostels verlasse. Wir hätten also keine Möglichkeit gehabt, uns noch feiner vor Ort abzustimmen. Es kann also auch im 21sten Jahrhundert noch klappen wie früher: man vereinbart einen Termin und einen Ort, erscheint und es passt.

Wir müssen noch ein ganzes Stück laufen, kaufen unterwegs Rotwein und Fanta als Gastgeschenk und kommen schließlich im Haus der Schwester an. Meine Güte, so eine reiche Familie. Das Haus und die Einrichtung, alles ist vom Feinsten. Auch in Deutschland hätte man dieses Anwesen sofort als das Haus von reichen Leuten eingestuft. Der Fußboden aus weißem Marmor. Die Dekoration an den Wänden ist zwar etwas überladen für meinen Geschmack, aber jedes Teil sieht sehr teuer aus. Das Wohnzimmer ist riesig, ob 60 m^2 ausreichen? Schwere Polstermöbel stehen um einen Couchtisch mit Marmorplatte herum. Auf der einen Seite eine überdimensional große Fernsehwand, auf der anderen Seite ein offener Kamin. Etwas entfernt ein großer schwerer Holztisch mit schweren Holzstühlen drum herum. Der Raum öffnet sich L-förmig zur Küche, welche natürlich auch sehr teuer ausgestattet ist.

Es sind bereits fünf Frauen da. Eine davon ist Carolinas Schwester. Eine etwas kräftige, burschikos wirkende Frau, der man ansieht, dass sie anpacken kann. Alle anwesenden Damen sind sehr herausgeputzt mit Schminke und Schmuck. Ich komme mir richtig ärmlich vor, denn erstens habe ich auf meiner Reise gar keine schicken Kleider dabei und zweitens hatte ich mir gerade mal die Haare gekämmt, bevor ich das Hostel verlies, das war alles. Schminksachen habe ich natürlich gar nicht mitgenommen auf diese Reise, ganz zu schweigen von Schmuck.

Die Frauen sind alle sehr nett zu mir und ich habe das Gefühl, sie empfinden es als etwas Besonderes, dass ich als Europäerin bei ihnen bin. Eine Frau bemüht sich ganz besonders um mich und erzählt mir viel. Sie arbeitet auch als Spanischlehrerin und hat einige online Schüler in Deutschland.

Als erstes wird natürlich gegessen. Das Gericht, das Carolinas Schwester gekocht hat, essen wir in der Küche, wo eine große Theke in der Mitte des Raumes steht. Es ist ein traditionelles Gericht, welches wohl immer am Faschingsdonnerstag gegessen wird. So eine Art Eintopf mit Salatbeilage, dazu gibt es Quinoa. Schmeckt wirklich lecker. Nach dem Essen werden die ersten Bierdosen geöffnet. Ich trinke eine Dose mit und dann noch eine halbe. Danach steige ich auf Wasser um, weil mir die Höhe doch etwas zu schaffen macht. Das ist einerseits für meinen Körper eine sehr vernünftige Entscheidung, andererseits kann ich dadurch sehr bewusst mit ansehen, wie die anderen Gäste immer betrunkener werden.

Ja und dann wird es immer »lustiger«. Wie ich später erfahre, ist dieser Abend reserviert für die Frauen. Auf den Straßen tanzen die Frauen, in den Häusern feiern nur Frauen. Eine Woche vorher ist der Abend für die Männer, der Abend der »Kompadres«, aber da wird wohl auch nur Bier getrunken. Meine Lehrerin Carolina erklärt mir später, dass sie nie alleine ausgeht, nur an diesem einen Abend im Jahr. Deshalb ist es für sie, aber auch für viele andere Frauen, etwas ganz Besonderes.

Carolinas Mann ruft während des Abends mehrfach an, ob er sie abholen solle. Zum Teil ignoriert sie seine Anrufe oder sagt einfach, dass sie noch bleiben möchte. Später erzählt sie mir, dass er schon um 11 Uhr in der Nähe des Hauses war. Er habe im Auto geschlafen, bis Carolina grünes Licht gab. Das ist so gegen 3 Uhr nachts. Ob er denn sauer gewesen sei, frage ich Carolina später. Nein, er wollte eben einfach, dass ihr nichts passiert, meint sie erst, naja und ein bisschen Kontrolle und Eifersucht sei schon auch dabei, fügt sie dann hinzu.

Der Mann von Carolinas Schwester und der jugendliche Sohn sind auch im Haus und halten sich konsequent im oberen Stockwerk auf. Der siebenjährige Sohn kommt immer mal herunter und schüttet sich ein Glas Coca Cola ein, welches er mit nach oben nimmt. Das letzte Mal so circa um 23 Uhr. Für mich ist es unverständlich, wie man einem Siebenjährigen überhaupt erlauben kann Coca Cola zu trinken und dann auch noch abends um 23 Uhr. Wie soll das Kind denn einschlafen können? Selbst ich kann nicht einschlafen, wenn ich abends Cola trinke. Dies sei ganz normal in Bolivien, erklärt mir Carolina später.

Die leeren Bierdosen auf dem Tisch vermehren sich rapide. Die Stimmung wird immer »besser« und »schlüpfriger«. Carolina fragt mich fast jede halbe Stunde, ob ich denn nach Hause wolle. Eigentlich wäre ich wirklich lieber nach Hause gegangen, denn ich merke sehr schnell, dass dies eine andere Welt ist, zu der ich nicht so richtig den Zugang finden kann. Aber das kann ich Carolina nicht antun, dass sie meinetwegen nach Hause geht und »den Abend des Jahres« verpasst. Also halte ich durch bis nachts um drei und interessant ist es allemal.

Irgendwann fangen die Damen an zu tanzen und spätestens da merke ich, wie viel Feuer in diesen Frauen steckt. Sie tanzen geschmeidig und recht erotisch. Selbst Carolinas Schwester, die deutlich übergewichtig ist, tanzt mit einer Eleganz, die ich nur bewundern kann. Als ich dann genötigt werde auch zu tanzen, komme ich mir ungelenk und steif vor und das bin ich wohl auch. Trotzdem freuen sie sich, dass ich mitmache.

Carolinas Schwester holt einen vorbereiteten Teller, auf dem Gebäck und verschiedene andere Sachen darauf sind. Kräuter, Süßigkeiten, ein kleiner Flachkürbis und zwei Gurken kann ich sofort erkennen. Luftballons sind an dem Tellerrand befestigt. Wofür die Gurken ein Symbol sind, vermute ich sofort. Aber erst einmal wird mit dem Teller getanzt. Jede Frau tanzt mindestens eine Runde mit dem Teller in der Hand, die anderen stehen im Kreis uns klatschen. Auch ich komme an die Reihe und dies wird gefilmt. Dieses Video bekomme ich selbstverständlich geschickt und kann meine Vermutung nun auch noch überprüfen: Steif und ungelenkig bin ich! Von erotischem Tanzen habe ich keine Ahnung, die anderen Damen aber umso mehr. Wo lernen die das bloß? Als der Teller mit jeder der Damen einmal getanzt hatte, fällt eine der Gurken herunter und zerbricht. Dies sorgt für außerordentliches Gelächter. Das ist dann auch der Anfang, um sich intensiv mit den Gurken zu beschäftigen. Carolina hätte mir nicht erklären brauchen, dass die Gurken ein Symbol für ein männliches Glied sind. Das hatte ich schon vorher verstanden. Der Flachkürbis ist übrigens das Symbol für die weiblichen Geschlechtsorgane.

Jetzt werden die Gurken immer abwechselnd von einer der anwesenden Damen bestreichelt, beschleckt, als Mikrofon benutzt, an verschiedenen Körperteilen gerieben etc. und das alles im Rhythmus zur Musik. Jede dieser Handlungen wird mit ausschweifendem Gelächter der Anderen belohnt. Die Stimmung ist sehr ausgelassen, nur ich fühle mich irgendwie deplatziert, weil ich immer noch nüchtern bin und sowieso nicht so der Typ für solche Art von Festen. Ich versuche so gut wie es mir möglich ist mitzuhalten, schon allein um den Anderen die Stimmung nicht zu vermiesen.

Lieder werden gesungen. Die überdimensionierte Lautsprecherbox im Wohnzimmer funktioniert gleichzeitig als Lichtorgel. Überall blinkt und funkelt sie in ständig wechselnden Farbnuancen. Die Lieder sind von

Shakira und anderen, zum Teil kenne ich sie sogar. Die Mädels kennen alle Texte und singen lautstark mit. Es werden auch traditionelle Lieder aus der bolivianischen Kultur gespielt. Ich kann spüren, wie die Frauen in diesen Liedern aufgehen, das ist nicht nur Mitsingen, das ist auch Mitfühlen. Carolina erklärt mir, dass die Lieder früher hauptsächlich von Liebe gehandelt hätten, heutzutage aber verstärkt von Trennung und Schmerz.

Um drei Uhr früh, als Carolina mich erneut fragt, ob es denn noch in Ordnung sei zu bleiben oder ob ich lieber nach Hause wolle, sage ich, dass ich nun gerne nach Hause möchte. Irgendwie reicht es mir jetzt doch und ich denke, es ist nicht mehr so ganz unhöflich, wenn ich jetzt gehen möchte. Ich bin überzeugt, dass die Anderen um 8 Uhr morgens immer noch gesungen, getanzt und getrunken haben. Doch bei einer der Frauen bin ich mir da nicht so sicher. Sie macht schon einen sehr instabilen Eindruck als ich gehe, trinkt aber trotzdem immer weiter und öffnet eine Bierdose nach der anderen.

Ich bin kein Nachtmensch. Eigentlich werde ich um 10 Uhr müde und möchte schlafen. Für meinen Biorhythmus habe ich sehr lange durchgehalten. Ziemlich schade finde ich aber, dass ich mich nicht wirklich auf das Geschehen einlassen kannt. Es wäre schön gewesen, einfach unbeschwert mitzufeiern, ob mit oder ohne Alkohol, aber irgendwie gelingt es mir nicht.

Beim Abschied bedankt sich die Gastgeberin ganz herzlich bei mir, dass ich gekommen bin. Alle anderen

Mädels verabschieden sich auch sehr herzlich von mir und nehmen mir das Versprechen ab, dass ich sie bei Facebook als Freunde akzeptieren möge. Die Gastgeberin gibt mir noch eine Flasche Tigermilch mit auf den Weg, dann sind wir auf der »Straße«.

Die Straße ist keine Straße wie wir sie kennen, sondern ein Erdweg mit tiefen Auswaschungen, der wirklich nur mit einem Geländewagen befahrbar ist. Dieser steht natürlich im Carport der Familie. Wir müssen ca. 50 Meter steil den Berg hinauf gehen bis zur Asphaltstraße, wo Carolinas Mann wartet. Ich nehme mit Genugtuung wahr, dass Carolina genauso schnauft wie ich, als wir den Berg hoch gehen. Also schnaufe ich doch nicht wegen meines Alters, sondern einfach nur wegen der Gegebenheiten.

Carolinas Mann wartet tatsächlich im Auto auf uns. Ich kann nicht erkennen, ob er sauer ist oder nicht. Er begrüßt mich kurz, aber wenig herzlich, dann fährt er los. Zwischen Carolina und ihm findet kein Gespräch statt. Ich werde in die Nähe der Innenstadt gefahren, wo Taxis stehen. Er erklärt mir, dass er mich nicht ins Hostel fahren möchte, weil die Innenstadt noch voll mit feiernden Frauen sei .Dafür verhandelt er aber für mich mit einem der Taxifahrer und ich steige um.

Meine Zimmergenossinnen sind alle noch wach, also kein Grund, mich leise ins Bett zu schleichen. Sie sind auch gerade erst zurückgekommen, hatten auf der Straße gefeiert und mit den einheimischen Frauen getanzt und Tigermilch getrunken.

Ich sage zu ihnen: »Die Frauen hier haben ganz schön viel Feuer.«

»Oh ja«, meint Autumn, »das haben wir auch gemerkt.«

Dann fallen wir alle todmüde in den Schlaf.

Noch immer habe ich keine Kokablätter. Der Markt in meiner Nähe hat keine, beziehungsweise. der einzige Stand an dem sie verkauft werden ist stets geschlossen. Er befindet sich ganz in der Nähe von den Marktständen mit frischgepressten Fruchtsäften. So oft ich den Versuch unternehme, meine Kokablätter zu erwerben, lande ich jedes Mal an einem dieser Stände und genieße einen herrlichen Smoothie. Die Frauen, welche die Säfte zubereiten, stehen erhöht. Man sieht sie kaum, weil sie einen riesigen Berg mit Früchten vor sich aufgebaut haben. Man darf sich auswählen, welche Früchte man haben möchte. Dann mixen sie die Früchte in einem Mixer und man bekommt ein Glas. Hat man das ausgetrunken, wird nachgeschenkt und danach noch einmal, so lange, bis der Inhalt des Mixers leer ist. Auf diese Weise bekommt man gut und gerne einen Liter Fruchtmix. Ich genieße es.

Doch meine Kokablätter möchte ich auch kaufen und auf diesem Markt im Zentrum gibt es keine. Auf dem »Mercado de Campesinos« (Bauernmarkt) kann ich sie bekommen, informiert mich die Inhaberin eines Marktstandes.

Der »Mercado de Campesinos« ist ein anderer, noch größerer Gemüsemarkt in Sucre, etwas außerhalb gelegen. Ich schaffe es, einen Bus zu bekommen, der dort hinfährt. Als ich mich bei einer Passantin erkundige, welchen der vielen Kleinbuslinien ich nehmen muss, um dort hinzukommen, werde ich gewarnt:

»Geh nicht dort hin«, sagt sie. »Dort ist es gefährlich!«

Ja, ja, das kenne ich schon. Jeder Markt in Südamerika ist auch gefährlich, ich gebe nichts auf die Warnung.

Dieser Markt ist in der Tat noch größer als der in der Innenstadt, aber auch schmuddeliger. Einen Stand, wo Kokablätter verkauft werden, finde ich schnell. Sie werden von einer alten Frau verkauft, welche einen riesengroßen Müllsack, gefüllt mit getrockneten Blättern vor sich hat. Ich kaufe ein Beutelchen, welches so gut wie nichts kostet. Gleich stecke ich einige in den Mund, denn ich bin ja neugierig, wie sie schmecken. Sie haben für mich einen etwas bitterlichen, leicht säuerlichen Geschmack. Ich kaue sie gründlich und schlucke sie sogar herunter. Soll man nicht machen, erfahre ich später. Warum? Wurde mir von niemandem erklärt. Von einer eventuell berauschenden Wirkung merke ich nichts. Und dass sie mir beim Zurechtkommen mit der Höhe geholfen hätten, kann ich leider auch nicht bestätigen. Fakt ist, dass Bolivianer sie ständig kauen.

Jetzt möchte ich mich dann noch etwas auf dem Markt umsehen. Da spricht mich ein kleiner bolivianischer Mann an:

»Bist du ganz alleine hier? Wo ist dein Mann?«

Auf diese Frage bin ich vorbereitet, denn ich hatte in dem Buch der 65-Jährigen gelesen, dass sie diese Frage sehr oft gestellt bekam.

»Mein Mann ist im Hotel«, lüge ich.

Ob ich mit ihm essen gehen möchte? Er will mich einladen. Natürlich lehne ich das ab. Er hätte sich gerne noch weiter mit mir unterhalten, aber ich versuche aus dem Gespräch heraus zu kommen. Ich bleibe freundlich aber reserviert und dann verabschiede ich mich von ihm und gehe. Da spüre ich, dass ich einen Klaps auf den Hintern bekommen habe. Instinktiv ignoriere ich es und gehe weiter, ohne mich umzudrehen. Alice Schwarzer hätte in dieser Situation wahrscheinlich einen Herzkasper bekommen. Ich kann damit gelassener umgehen. Nachdem ich ein paar Gänge weiter gelaufen bin, drehe ich mich um und stelle erleichtert fest, dass er mir nicht folgt. Also kein Grund sich zu fürchten, es ist ja nicht wirklich etwas passiert. Natürlich ist es aus heutiger Sicht unmöglich und diskriminierend und, und, und … Aber ich entstamme einer Zeit, in der wir uns als junge Frauen geschmeichelt fühlten, wenn uns ein Mann nachgepfiffen hat. Das kann sich eine junge Frau von heute wahrscheinlich gar nicht mehr vorstellen. So etwas sollte sich heute mal ein Mann in Deutschland erlauben, einer Frau auf der Straße hinterher zu pfeifen. Soll ich mich darüber aufregen, wenn ein ungebildeter Bolivianer den Macho heraushängt und einer Touristin mal einen Klaps auf den Hintern gibt, der gar nicht weh tut? Nein, darüber rege ich mich nicht auf, selbst wenn ich die Touristin bin, der das passiert. Aber über hochgebildete Männer, die sich an kleinen Mädchen (oder auch Jungs) vergehen, darüber kann ich mich sehr aufregen.

Am nächsten Tag möchte ich zu dem »Parque Cretático« fahren, der sich ganz in der Nähe von Sucre befindet. Das ist eigentlich ein Zementwerk. Beim Abbau der Mineralien ist man vor einigen Jahren auf original Dinosaurierspuren gestoßen, hat an dieser Stelle den Abbau gestoppt und ein Museum daraus gemacht. Es ist nicht weit außerhalb und man kann leicht mit dem Bus dort hin fahren. Normalerweise, aber im Moment ist da keine Chance, denn es ist ja Karneval. Die Stadt ist wieder voll mit Blaskapellen, die immer noch die gleiche Melodie spielen, immer und immer wieder. An den Straßenrändern wieder Menschen mit Sprühflaschen, die den besagten weißen Schnee enthalten und mit Wasserbomben. Kein einziges Taxi in der Stadt und die diversen Kleinbusse, die sonst immer fahren, sind auch nicht zu sehen.

Also ändere ich meinen Plan und laufe langsam aber stetig die steile Straße hinauf zum Kloster »Monasterio de la Recoletta«. Wir waren mit der geführten Stadttour schon hier oben gewesen, allerdings mit einem Bus gefahren. Zum zweiten Mal genieße ich die Aussicht auf die Stadt. Unser Stadtführer hatte uns erklärt, welchen Weg man gehen muss, um zum »Cerro Churuquella« zu gelangen, dem Berg, auf dem die Jesusstatue steht.

Viele südamerikanischen Städte haben so eine Jesusstatue, wie in Rio de Janeiro, sofern ein Berg in der Nähe ist. Carolina hatte mir erklärt, dass sich auf dem Weg nach oben ein Kreuzgang befindet. Die Pilger gehen von

Station zu Station und tragen dabei einen Stein, als Symbol für ihre Sünden. Diesen legen sie dann entweder an der nächsten Station ab oder tragen ihn ganz nach oben. Die Größe und Schwere des Steines richtet sich nach der Einschätzung der Schwere der eigenen Sünde.

Auch wenn ich nichts von dem Druck halte, mit dem die katholische Kirche über Jahrhunderte die Menschen gegängelt hat – Sünde ist für mich ein Wort, das ausschließlich in die katholische Kirche gehört – gefällt mir dieser Brauch mit den Steinen, die man trägt und dann ABLEGEN kann. Ich bin mir voll bewusst, dass ich einige schwere Steine unnötigerweise mit mir herumschleppe. Ohne diese Steine könnte ich freier sein, hätte vielleicht auch gestern Abend ausgelassener mit tanzen können. Spontan entscheide ich, Steine aufzuheben, sie bis zur nächsten Station zu tragen und dort ganz bewusst abzulegen. Das mache ich mit vier Steinen, dann kann ich nicht mehr. Es geht recht steil den Berg hinauf. Der Weg ist zwar gut, aber ich habe genug damit zu tun, mich selbst samt meines Körpers hinauf zu schleppen.

Oben angekommen staune ich erst einmal Bauklötze: Die Jesusfigur ist schwarz, ich hätte auf jeden Fall eine weiße Jesusstatue erwartet. In dem Sockel, auf dem sie steht, ist eine kleine Kapelle eingelassen. Rund um die Figur herum liegt viel verkohltes Holz, aber auch einiges an Müll. Insgesamt macht dieser Ort keinen sakralen Eindruck auf mich. Alles wirkt irgendwie schmuddelig.

Ich steige die Stufen hinauf, um in die kleine Kapelle zu gehen. Sie ist wirklich klitzeklein. In der Mitte ist ein Sockel und darauf ein Heiligenbild, das wie ein Raumteiler wirkt. Ich setze mich auf eine kleine Bank an der rechten Seite. Eine junge Frau ist im hinteren Teil. Ich kann sie nicht sehen, höre aber, wie sie bitterlich weint. Ich warte still auf der Bank, weil ich die Frau nicht stören möchte. Nach kurzer Zeit kommt sie an mir vorbei und verlässt das Räumchen. Jetzt gehe ich in den hinteren Teil. Dort brennen ein paar Kerzen, aber es liegen auch Zigaretten, Bierdosen und kleine Plastikfläschchen mit der Aufschrift CEIBO überall herum. Später erfahre ich mehr über CEIBO, ich werde ihm auf meiner Reise noch begegnen. Nur jetzt schon einmal so viel: Es handelt sich bei diesen Flaschen um 96%igen Alkohol, der superbillig verkauft wird.

Auf dem »Altar« liegt ein riesengroßer Joint. Kokablätter sind überall verstreut. Zu diesem Zeitpunkt weiß ich noch nicht, was das alles zu bedeuten hat. Dies werde ich später in Potosí erfahren, in einer Kapelle, die einen ebenso schmierigen und schmuddeligen Eindruck auf mich machen wird. Ich nehme eine von den angebrannten, aber erloschenen Kerzen, die auf dem Boden herum liegen, zünde sie an und bitte darum, dass die junge Frau ihre Probleme gelöst bekommt. Dann verlasse ich diesen unheimlichen Ort. Natürlich werden noch ein paar Fotos von der schwarzen Statue und dem Müll drum herum gemacht. Die Stadt kann man von diesem Punkt aus nicht sehen, dafür sind die Bäume ringsherum zu hoch.

Ich höre Stimmen im Wald und gehe in diese Richtung. Eine Gruppe von indigen aussehenden Menschen ist dort versammelt und sie feiern offensichtlich ein Ritual. Einer »betet« etwas vor und die Gruppe wiederholt. Dabei machen einige der Gruppe ganz merkwürdige Bewegungen, schlagen mit Armen und Beinen um sich, zappeln oder stampfen mit den Füßen auf den Boden. Ich bleibe in guter Distanz. Möchte auf gar keinen Fall stören.

Für den Weg nach unten nehme ich nicht den Serpentinenweg mit dem Kreuzgang, sondern den direkten Weg, der mit Treppenstufen steil nach unten führt. Jetzt endlich öffnet sich ein wundervoller Blick auf die Stadt. Sucre ist einfach wunderschön. Mit den Bäumen als Umrandung im Vordergrund und der Stadt im Hintergrund mache ich schöne Fotos, die ich dann bei Facebook einstelle. Das erfreut natürlich meine neuen Freundinnen, meine »Komadres«. Carolina findet es aber gar nicht gut, dass ich alleine dort hoch gegangen bin. Das sei sehr gefährlich. Es gäbe auf diesem Weg Diebe, die auf Leute warteten, um sie auszurauben. Naja, es ist doch Karneval. Ich gehe davon aus, dass alle Diebe von Sucre zu diesem Zeitpunkt irgendwo an einer Straße stehen, um die vorbeiziehenden Blaskapellen mit weißem Schaum zu besprühen.

Und dann erfahre ich noch, dass oben an der Jesus Statue schwarze Messen abgehalten werden. Ja, das passt. Das passt zu der Schmuddeligkeit des Ortes, aber auch zu der unangenehmen Ausstrahlung, die das Ganze auf mich hatte.

Für den nächsten Tag habe ich mir fest vorgenommen zu den Dinosauriern zu gehen. Morgens früh sind noch nicht so viele Blaskapellen unterwegs und der Verkehr fließt noch. Der Park unterhält eigene Touristenbusse, die die Besucher in der Stadt abholen. Im Hostel erfahre ich, wo die Haltestelle dieser Busse ist. An besagter Haltestelle treffe ich auf einen jungen Brasilianer, der auch zu dem Park möchte. Wir warten lange, doch kein Bus kommt. Eine indigene Frau, die Schals, Mützen und andere Dinge auf einem Handkarren verkauft, erklärt uns, dass wir auch mit einem Linienbus zum Park fahren können, durch welche Straße dieser Bus fährt und welche Busnummer wir nehmen müssen.

»Ist auch noch viel billiger«, meint sie abschließend mit einem Augenzwinkern.

Eines der unzähligen Beispiele der Freundlichkeit und Hilfsbereitschaft der Bolivianer.

Tatsächlich erwischen wir den Bus mit der angegebenen Nummer in der beschriebenen Straße. Die Fahrt endet direkt bei einem Zementwerk. Ich bin etwas ratlos. Alles grau, große Industrieanlagen, ein paar Wellblechhütten, ein paar Zäune. Hier soll also der berühmte Park mit den original Dinosaurierspuren sein? Dann sieht mein Begleiter ein Hinweisschild: »Parque Cretático«. Wir folgen dem Schild und kommen an eine kleine Hütte. Dort ist ein junger Mann, der uns den Weg zeigt. Es geht einen schmalen Pfad steil bergauf. Der junge Brasilianer stürmt den Berg nach oben als wäre er im Schwarzwald.

»Na ja«, denke ich, »er ist eben noch jung«.

Oben angekommen sitzt er kreidebleich auf einer Bank. Ihm sei schwindelig, erklärt er mir auf meine besorgte Nachfrage. Mir war nicht entgangen, dass die Fahrt bis zum Zementwerk ständig bergauf ging, sodass wir uns jetzt nicht mehr auf 2800 m, sondern vielleicht auf fast 3000 m befinden. Ich habe schon gelernt, dass ich langsam tun muss.

»Er muss es eben noch lernen«, denke ich. Zum Glück weiß ich an dieser Stelle noch nicht, wie viel Lernstoff diesbezüglich mir noch bevor steht.

Der Eintrittspreis ist nicht ganz billig, Nichtbolivianer müssen mehr bezahlen als Einheimische. Ich finde dies in Ordnung und sehe darin keine Diskriminierung. Bevor die Führung beginnt, habe ich noch Zeit, mich etwas in dem Park umzuschauen. Dinosaurier aus Kunststoff stehen überall herum. Davor informiert jeweils ein Schild, wie sie heißen, wo und wann sie gelebt haben. Eigentlich interessiert mich das gar nicht so sehr. Auch die Töne, die einige Exemplare gelegentlich ausstoßen, macht sie mir nicht sympathischer. In einem Haus wird ein Film abgespielt, der die Entstehung der Erde vom Urknall bis heute zeigt. Das ist ganz interessant.

Es sind circa 20 Leute in der Führung. Ein Mann mit Megafon erzählt etwas über die verschiedenen Dinosaurier Figuren, die dort aufgestellt sind. Jetzt erfahre ich, dass ein Großteil dieser Tiere auf anderen Kontinenten lebten und gar nichts mit dieser Gegend zu tun haben. Er leiert seinen wohl auswendig gelernten Text sehr unmotiviert herunter. Mich interessiert überhaupt nicht was er sagt und außerdem verstehe ich wegen meiner doch noch unvollständigen Spanischkenntnisse nicht alles. Nach ungefähr 15 Minuten ist er auch schon fertig.

Nach der Führung spricht er mich an und fragt, wo ich herkomme. Als ich ihm sage, dass ich aus Deutschland komme, beginnt er deutsch mit mir zu reden. Er sei zwei Jahre in Deutschland gewesen, habe in Düsseldorf gearbeitet. Sein Deutsch ist gar nicht schlecht. Er freut sich sehr, deutsch sprechen zu können. Wo denn jetzt die original Dinosaurier Spuren seien, möchte ich wissen. Er zeigt auf eine graue Felswand gegenüber, die durch ein tiefes Tal von meiner derzeitigen Stelle getrennt ist. In der Tat kann man Spuren auf dem glatten, grauen Hang des gegenüberliegenden Berges erkennen. Sie laufen nach oben oder diagonal die Felsabbruchkante entlang. Wenn ich sie näher sehen möchte, solle ich zehn Minuten warten, dann sei die nächste Führung nach unten. Ich warte, aber es gesellt sich keiner mehr zur Gruppe. Eine Frau mit Bauhelmen in der Hand erscheint, gibt mir einen davon und meint, ich könne auch alleine nach unten gehen. Der Führer unten würde mich erwarten. Ich bin also die einzige Person in dieser »Führung«.

So gehe ich den schmalen Pfad nach unten und sehe dort einen Mann mit grauem Hut, der den schmalen Pfad nach oben steigt und mir entgegen kommt. Er schaut nach unten, ich sehe nur den Hut mit der breiten, grauen Krempe. Er schaut stets nach unten auf den Weg und kommt immer näher. Ich habe fast das Gefühl, dass er mich gar nicht wahrnimmt. Dann stehen wir voreinander, ich etwas erhöht, weil der Pfad ja steil bergab geht. Er hebt jetzt den Kopf und ich schaue in eine schwarze Mundschutzmaske, darüber eine dunkle Sonnenbrille umrandet von der dunkelgrauen Krempe des Hutes. Blitzschnell habe ich die Assoziation: »Das ist der Tod!«, weil er mich an Darstellungen des Todes auf einigen Gemälden erinnert. Ich bekomme einen Riesenschreck und zucke zusammen. Auch er erschrickt, denn er hatte mich in der Tat nicht wahrgenommen und war auch nicht informiert worden, dass noch jemand den Berg herunter kommt. Letztlich müssen wir beide lachen, weil wir gegenseitig voreinander erschrocken sind. Warum er denn hier an der frischen Luft eine Mundschutzmaske trägt, frage ich ihn, ob er so große Angst vor Corona habe? Nein, vor Corona habe er gar keine Angst, aber es gäbe ja noch so viele andere Krankheiten und da sei es schon besser, sich zu schützen. Seine Erklärung ist zwar für mich nicht nachvollziehbar, aber wenn er denn meint, dass er sich so schützen kann, warum nicht.

Ein Europäer, der in Bolivien lebt, erklärte mir später, dass anfangs sich nur wohlhabende Leute eine Mundschutzmaske leisten konnten. Am Anfang der Coronazeit, sei es so etwas wie ein Statussymbol gewesen, sich mit Maske in der Öffentlichkeit zu zeigen. Vielleicht sind es noch Überreste aus dieser Zeit.

Mein neuer Guide führt mich zu der Felsabbruchwand und zeigt mir die Spuren. Na ja, jetzt sehe ich sie etwas größer als von oben, aber so richtig spektakulär finde ich es immer noch nicht. Was jetzt als Felswand fast im circa 80 Grad Winkel erscheint, war früher ebenerdig gewesen. Dort seien die Dinosaurier herumgelaufen und haben die Spuren hinterlassen, welche danach aus irgendwelchen Gründen versteinerten. Im Rahmen der

Kontinentalplattenverschiebung ist diese Wand dann aufgefaltet worden, sodass sie jetzt als Steilwand erscheint.

Zum Glück gibt es aus diesem Tal auch einen Weg nach draußen auf die Straße, so dass ich nicht noch einmal den schmalen Pfad nach oben steigen muss. Ich merke, dass ich Hunger habe. Gegenüber in einer der Blechhütten verkauft eine indigene Frau Suppe. Ja, eine Suppe möchte ich jetzt gerne essen. Ich gehe also in die schäbige Hütte. Ein langer Holztisch ist darin und auf beiden Seiten eine Bank, welche aus zwei aufgestellten Baumstämmen mit darüber gelegter Holzbohle besteht. Im hinteren Teil des Raumes steht ein Gasflämmer, worauf ein großer Topf steht. Aus diesem schöpft die Frau meine Suppe und füllt sie in einen emaillierten Blechteller. Dies ist wohl die unterste Kategorie von »Restaurant«, in der ich auf der ganzen Reise gewesen bin. Zwei Männer sitzen auch noch am Tisch und essen Suppe, aber sie nehmen keine Notiz von mir. Irgendwie fühle ich so ein bisschen wie Stolz, dass ich es schaffe in wirklich Einheimische Lokalitäten zu gehen und zu essen, was die Einheimischen essen. Wie sagte meine Mutter immer so schön: »Hochmut kommt vor dem Fall.« Die Suppe schmeckt nicht besonders gut und ich hätte auf meinen Körper hören sollen, der die Suppe eigentlich gar nicht mag. In der Nacht bekomme ich Magenkrämpfe und schlimmen Durchfall, aber noch merke ich nichts davon. Wie mir erzählt wurde, gehört mindestens eine Magendarminfektion zu jeder Südamerikareise dazu.

Der Bus zurück in die Stadt ist recht voll. Ich bin jetzt alleine, denn mein brasilianischer Begleiter hatte sich nicht mal die Führung angehört und war gleich wieder gegangen. Eine Gruppe betrunkener Männern steigt ein und sie setzen sich in meine Nähe. Ich schaue konsequent aus dem Fenster, doch das hilft nichts. Ich werde angesprochen. Blond wie ich eben nun mal gefärbt bin, falle ich in diesem Bus natürlich auf.

Wo ich denn her sei? Einer spricht sogar etwas Englisch, was er sehr gerne jetzt präsentiert. Er gibt mir eine Dose Bier, die soll ich mit ihnen trinken. Ich merke zu diesem Zeitpunkt schon, dass es meinem Magen nicht so gut geht und möchte sie auf gar keinen Fall trinken. Ablehnen möchte ich aber auch nicht, deshalb sage ich, ich würde sie am Abend trinken. Letztendlich nimmt er die Dose wieder an sich, öffnet sie, ich trinke einen Schluck und den Rest trinkt er. Super gut aus der Affäre gezogen. Es ist Samstag und sie seien Arbeitskollegen und arbeiten alle im Zementwerk, erfahre ich. Eigentlich müssten sie auch jetzt arbeiten, aber weil Karneval ist, habe der Chef ihnen frei gegeben. Jetzt gehen sie in die Stadt und feiern.

Ich fühle mich nicht wirklich bedroht von ihrer Zudringlichkeit, aber irgendwie ist mir die Situation unangenehm. Ich spüre, wie andere Fahrgäste des Busses die

Situation ganz genau beobachten, vor allem die Frauen. Ob mir jemand geholfen hätte, wenn sie wirklich zudringlich geworden wären, vermag ich nicht einzuschätzen. Jedenfalls habe ich das Bedürfnis so schnell wie möglich aus dem Bus und aus der Situation heraus zu kommen. Durch Google Maps stelle ich fest, dass das Busterminal ganz in der Nähe der Strecke liegt. Also beschließe ich, am Busterminal auszusteigen, um mich bezüglich meiner Weiterreise nach Potosí zu erkundigen.

Leider ist es das falsche Terminal, erfahre ich dort. Die Busse nach Potosí fahren von einem anderen Terminal ab, welches 5 »Quadras« entfernt ist. Die von den Spaniern gebauten Städte sind alle sehr symmetrisch angelegt. Deshalb ist es hier immer üblich zu sagen, wie viele Straßenblöcke man laufen muss. Die Straßen stoßen fast ausschließlich im 90 Grad Winkel aufeinander. Am anderen Terminal erfahre ich, dass jede Stunde ein Bus nach Potosí fährt und obendrein auch noch Sammeltaxis. Also kein Problem, nach Potosí zu kommen.

Jetzt möchte ich aber nicht mehr weiterlaufen und versuche ein Taxi anzuhalten, welches mich nach Hause fahren soll. Doch kein Taxifahrer ist bereit, mich in die Innenstadt zu fahren.

»Da kommt man jetzt nicht mehr durch, wegen der Straßenumzüge«, ist die Begründung. Busse fahren natürlich auch nicht mehr. Zum Laufen ist es nicht wirklich sehr weit, also mache ich mich auf den Weg. Doch jetzt werde ich Zielscheibe der Wasserbomben. Die Erste trifft mich in den Rücken, völlig überraschend. Danach noch einige andere. Die Blaskapellen laufen durch die Straßen und spielen. Wie schon seit Tagen spielen sie die immer gleiche Melodie. Der Weg, den ich gehen muss, führt nun mal durch die gleichen Straßen, durch welche die Blaskapellen auch marschieren. Irgendwann trifft mich ein Wasserschwall von oben. Hat wohl jemand aus dem Fenster Wasser auf mich geschüttet. Der oder die Verursacher haben mit Sicherheit ganz viel Spaß dabei, ich finde es in diesem Moment aber weniger lustig. Völlig durchnässt komme ich im Hostel an. Mein Magen rebelliert jetzt ganz ordentlich. Nach einer heißen Dusche lege ich mich sofort ins Bett und schlafe ein. Gegessen habe ich an diesem Tag sehr wenig, aber von Appetit auf ein Abendessen keine Spur.

In der Nacht geht mein Durchfall dann richtig los und am nächsten Morgen fühlte ich mich regelrecht zittrig krank. Eine Holländerin, die jetzt in meinem Zimmer wohnt, holt mir ein Büschel Kamillekraut vom Markt. Daraus koche ich mir einen Tee und das ist meine einzige Nahrung für diesen Tag. Ich liege den ganzen Tag im Bett und schlafe. Wenn ich einmal wach bin, kann ich die Musik der Blaskapellen hören, die wieder oder immer noch, durch die Straßen ziehen, immer die gleiche Melodie spielend. Was ich am Anfang so schön fand geht mir inzwischen ziemlich auf den Keks.

Am darauffolgenden Tag (es ist jetzt Montag) geht es mir wieder etwas besser. Im Hostel treffe ich Carolina, die mit einem anderen deutschen Schüler beschäftigt ist. Wir vereinbaren einen Termin für die nächste Unterrichtsstunde am nächsten Tag. Da sie recht ausgebucht ist, passt es ihr nur morgens um 7 Uhr. Mir ist das auch recht.

Meine Abreise habe ich für Mittwoch geplant und auch schon ein Bett in Potosí reserviert. Irgendwie bekomme ich das Gefühl, dass ich in Sucre durch den Karneval gelähmt bin. Alle Museen und Kirchen sind geschlossen. Durch die Straßen kann man nur laufen, wenn man bereit ist, mit weißem Schaum besprüht und mit Wasserbomben beworfen zu werden. Die Blaskapellen marschieren weiterhin durch die Straßen. Am Dienstag kommt noch hinzu, dass Feuerwerkskörper abgeschossen werden und das beginnt bereits am frühen Morgen. Das sei Tradition, erklärt mir Carolina, mit der ich am frühen Morgen die vereinbarte Spanisch Unterrichtsstunde habe. Der Karnevalsdienstag ist der Tag, an dem Pachamama gedankt wird. Die Häuser werden geschmückt, die Autos auch und auf dem Land werden auch die Tiere geschmückt. Alles, wofür man dankbar ist, wird mit Blumen geschmückt. Vor den Häusern stehen kleinen Grills, auf denen verschiedene Opfergaben verbrannt werden. Dabei kann man sich auch Dinge für die Zukunft wünschen. Wünscht man sich zum Beispiel ein eigenes Haus, kann man ein Gebäck in Form eines

Hauses auf den Grill legen. Alles, was man sich von Pachamama wünschen kann, gibt es in Miniaturform zu kaufen. Natürlich werden auch verschiedene Kräuter mit verbrannt und vor allem Kokablätter. Das Ganze wird regelmäßig mit Alkohol beträufelt. Ein Schluck für Pachamama auf den Grill geschüttet, dann sind die Menschen dran und trinken. Vor vielen Häusern in der Stadt kann ich diese Grills an diesem Tag stehen sehen. Carolina erklärt mir, dass es darauf ankommt, welche Farbe der Rauch hat, der aufsteigt. Ist er weiß, ist alles in Ordnung. Sofern der Rauch aber nicht weiß ist, muss man erwarten, dass in der Familie ein Unglück geschehen kann. In einem Bolivien-Reiseführer habe ich gelesen, dass es auf die Farbe der Asche ankommt. Ist sie weiß, soll man sie im Garten vergraben, weil sie Glück bringt. Sofern sie nicht weiß ist, sollte man sie in den Müll tun und aus dem Haus tragen, um Unglück vom Haus abzuwehren. Pachamama bedeutet so viel wie »Mutter Erde«. Dass sie in Bolivien allgegenwärtig ist und überall verehrt wird, zeigt mir, dass die Jesuiten oder andere Missionare nur bedingt erfolgreich waren mit der »Christianisierung«. Jedenfalls sind Bolivianer sehr verwurzelt in dem alten Glauben und haben meiner Meinung nach die Figuren des Christentums einfach in ihren Reigen der Götter mit aufgenommen.

Die Unterrichtstunde ist wieder sehr effizient für mich. Carolina ist eine sehr gute Lehrerin. Eigentlich brauche ich nicht unbedingt Unterrichtsstunden, denn mein Spanisch ist gut genug, um mich unterhalten zu können. Das allermeiste verstehe ich und ich kann mich auch immer verständlich ausdrücken, mache dabei aber viele Fehler. Da die Leute verstehen, was ich sagen möchte, korrigiert man mich nicht. Das ist für mich fatal, weil ich ja lernen möchte, richtig zu sprechen. Ich möchte nicht auf dem Ausländerstatus hängen bleiben, wie es zum Beispiel vielen Türken in Deutschland passiert ist. Ein Satz wie »ich gehe Aldi« wird verstanden, trotzdem ist er falsch. Auf dieser Stufe möchte ich nicht stehen bleiben. Mein Ehrgeiz ist es, ordentlich Spanisch zu lernen. Carolina hilft mir dabei. Sie macht mich zum Beispiel darauf aufmerksam, dass ich die Zeiten der Vergangenheit falsch anwende und daran arbeiten wir jetzt. Im Rahmen ihres Unterrichts fragt sie mich nach meiner Kindheit. Ich beginne, in der richtigen Vergangenheitsform zu erzählen und merke, dass ich über das Thema eigentlich gar nicht sprechen möchte. Ein bisschen erzähle ich von meinen Eltern und deren Flüchtlingsschicksal, außerdem von dem relativ isolierten Aufwachsen als Einzelkind und davon, dass ich als Jugendliche versucht habe, meine zehn Jahre jüngere Schwester vor den Tiraden meiner Mutter zu schützen. Plötzlich fließen meine Tränen. Das kommt plötzlich und überraschend für mich. Oh weh, und ich dachte da sei ganz viel aufgearbeitet, ganz viel verziehen, ganz viel vergessen. Nein, wahrscheinlich alles nur verdrängt. Oder meine Schutzhülle ist einfach dünner geworden.

Nach der Unterrichtsstunde gehen wir noch zusammen Kaffee trinken, denn der Schüler, der sie nach meinem Unterricht gebucht hatte, hat abgesagt. Sie ist mit ihrem Motorrädchen da und lädt mich ein, mit ihr zu fahren. Einen zweiten Helm für mich gibt es natürlich nicht. Außerdem funktioniert nur noch eine Fußstütze für den Mitfahrer, die andere ist abgebrochen. Wäre ich nicht so risikofreudig, nie und nimmer hätte ich dieser Fahrt zugestimmt, zumal ich ja sowieso etwas Angst vorm Motorradfahren habe. Wir fahren zum Glück nicht weit, und Carolina parkt ihr »Moto« beim »Plaza de Armas«, dem zentralen Platz der Stadt. Wir haben aber Mühe ein offenes Café zu finden, weil Karnevalsdienstag ist. Fast alle Cafés haben geschlossen. Letztendlich landen wir in einer Art Bistro, wo es auch Kaffee gibt. Ich trinke einen Kamillentee. Kaffee möchte ich meinem gerade in der Genesung befindlichen Magen noch nicht zumuten. Bei diesem Gespräch erfahre ich, dass Carolina finanziell weit weniger gut aufgestellt ist als ihre Schwester. Ihr Mann arbeitet als Taxifahrer zwischen Sucre und Potosí. Davon wird man nicht reich. Sie lebt im Haus ihrer Schwiegereltern und ist auf ihren Verdienst mit den Sprachschülern angewiesen. Ihre Schwester hat einen Tierarzt geheiratet und arbeitet selbst in der Praxis mit. Dass man in Bolivien als Tierarzt reich werden kann verwundert mich zwar ein bisschen, doch ich konnte mich ja mit eigenen Augen überzeugen.

Das Knallen der Feuerwerkskörper wird immer häufiger. Leuchtraketen werden auch abgeschossen und von Ferne vernehme ich schon wieder die Geräusche der ersten Blaskapelle. Ganz spontan beschließe ich einen Tag früher nach Potosí zu fahren, weil ich eigentlich keine Lust auf einen weiteren Tag mit Blasmusik in Verbindung mit Wasserbomben und weißem Sprühschaum habe. Heute kommen ja auch noch die Explosionen der Feuerwerkskörper dazu. Carolina ist etwas traurig, dass ich gehe. Wir verabschieden uns ganz herzlich und versprechen uns, dass wir uns wieder sehen werden. »Inschallah«, würde der Araber sagen.

Der Fußweg zum Hostel ist nicht weit und meine Sachen sind schnell gepackt. Eine Reisetasche und einen kleinen Rucksack, mehr habe ich nicht. Vom Hostel aus lasse ich mir ein Taxi bestellen, das trotz Karneval auch wirklich kommt. Ich werfe noch einen Blick auf den schönen friedlichen Garten und verlasse etwas wehmütig diesen bezaubernden Ort.

Am Busbahnhof wartet schon die nächste Überraschung:

»Heute fahren keine Busse!«

»Warum?«

»Weil Karneval ist!«

»Aber ich habe mich doch erkundigt und da wurde mir gesagt, dass die Busse nach Potosí jeden Tag stündlich fahren.«

»Ja, das stimmt auch, aber heute ist der Tag der Pachamama und da fahren keine Busse.«

Erst jetzt fällt mir auf, dass der ganze Komplex des Busbahnhofes, an dem normalerweise geschäftiges Treiben herrscht, die Ticketverkäufer lautstark versuchen Kunden zu ergattern und große Busse in Zentimeternähe an Reisenden vorbei fahren, heute ruhig und ohne geschäftige Hektik ist. Vor einem der Verkaufsstände ist ein kleiner Grill aufgebaut und mehrere Menschen sitzen darum herum. Eine Frau schüttet etwas Bier auf den Grill und dann trinkt sie selbst aus der Dose. Danach reicht sie die Dose weiter an ihren Sitznachbarn. Auch dieser gießt einen Schutt aus der Dose auf den Grill und nimmt anschließend selbst einen Schluck. Auf dem Grill sehe ich einen angekokelten weißen Tierkörper liegen.

»Ach, ein Baby-Schaf«, denke ich. Später erfahre ich, dass es sich um einen Lama-Fötus handelt, doch die volle Geschichte dazu erfahre ich erst in La Paz.

Unschlüssig, was ich jetzt tun soll, verlasse ich den Busbahnhof wieder. Ein Mann kommt auf mich zu und sagt:

»Potosí?«

Ja, genau da möchte ich hin.

»Wie viel kostet es?«, frage ich.

»70 Bolivianos«, ist die Antwort.

Ich weiß, dass der Bus viel billiger wäre, aber der fährt nun mal nicht. Zehn Euro für eine Fahrt von circa drei

Stunden haut mich jetzt auch nicht vom Hocker und ich willige ein. Er nimmt meine Reisetasche, quetscht sie hinten in sein Auto, ich steige ein und los geht die Fahrt.

»Wäre lustig, wenn es Carolinas Mann wäre«, denke ich, denn genau diesen Job übt er aus.

So sitze ich nun in einem Sammeltaxi, welches immer dann losfährt, wenn es mit Fahrgästen gefüllt ist. Ich bin der Fahrgast, auf den noch gewartet wurde. Es handelt sich um einen recht neuen Toyota, der zur Feier des Tages mit Blumen an beiden Spiegeln geschmückt ist. Eigentlich sind alle Autos an diesem Tag mit Blumen verziert. Jeder Autobesitzer dankt Pachamama, dass sie dieses Auto ermöglicht hat. Der Fahrer geht sehr vorsichtig mit seinem Fahrzeug um, so dass die Fahrt sehr angenehm ist. Ich nehme letzten Abschied von den schönen weißen Häusern dieser Stadt und dann fahren wir durch herrliche Landschaften in den Anden. Alle anderen Fahrgäste sind mit ihren Smartphones beschäftigt, ich aber schaue aus dem Fenster und genieße die Landschaft.

Vor vielen, vielen Jahren war ich in Wetzlar einmal Teil eines anthroposophischen Gesprächskreises. Er wurde geleitet von der Mutter von Hans-Christian Ströbele, dem Grünen Politiker der ersten Stunde. Die betagte Frau Ströbele war zu ihrer Tochter nach Wetzlar gezogen und bewohnte dort ein kleines nettes Apartment am Domplatz. Der anthroposophische Zirkel fand dort statt. An der Wand hing ein vergrößertes Foto, welches einen Mann auf einem Bergrücken zeigte. Der Mann war nur von hinten zu sehen, schlank, mit langem Haar. Er stand da und schaute in die Ferne und man konnte die wundervolle Landschaft im Hintergrund sehen.

»Das ist mein Christian, als er in den Anden war«, hatte uns Frau Ströbele damals nicht ohne Stolz erzählt. Ich hatte damals immer wieder das Foto angeschaut und bewundert. Damals, mit drei kleinen Kindern, hätte ich mir nie vorstellen können, so etwas auch einmal zu erleben. Aber die Sehnsucht war da und blieb. Das Foto habe ich bis heute noch als Bild vor Augen.

Und jetzt fahre ich selbst durch diese herrlichen Landschaften, für die ich 30 Jahre zuvor Christian Ströbele bewundert und etwas beneidet hatte.

»Sie sind jetzt wohl alle tot«, geht mir durch den Kopf. Von Christian Ströbele hatte ich es in den Nachrichten gehört, die Mutter war damals schon weit über 80 Jahre alt und lebt sicherlich auch nicht mehr. So ist der Lauf der Welt. Und ich bin jetzt hier und erfülle mir den Traum, den ich vor 30 Jahren angefangen habe zu träumen.

Mein Herz schlägt höher, als ich die ersten Lamaherden sehe. Sie laufen völlig frei herum, manchmal auch über die Straße. Ich finde, dass es einfach schöne Tiere sind. Einmal muss der Fahrer scharf bremsen, weil hinter einer Kurve ein Esel auf der Straße steht. Zum Glück passiert nichts.

POTOSÍ

Potosí liegt auf 4000m Höhe, eine echte Herausforderung für mich. Früher soll die Stadt wegen der immensen Silbervorkommen des nahegelegenen Berges »Cerro Rico« die reichste Stadt Südamerikas gewesen sein. Ein wenig ahnt man das auch heute noch, viele Häuser der Innenstadt machen den Anschein, dass sie einmal herrschaftlich und mondän gewesen sein müssen. Inzwischen macht die ganze Stadt einen verfallenen und heruntergekommenen Eindruck. Schon bei der Einfahrt in die Stadt, merke ich, dass es hier ganz anders ist als in Sucre. Während in Sucre alle Häuser verputzt und weiß angestrichen sind, hat das Meer von Häusern, welches man von der Straße aus sehen kann, gar keinen Putz. Man sieht die roten Backsteine, mit denen sie gemauert sind.

Der Fahrer hält an einer Stelle der Durchgangsstraße. Einen ordentlichen Busbahnhof scheint es hier nicht zu geben. Macht aber auch keinen Sinn. Von Potosí aus kann man entweder nach Uyuni in die eine Richtung oder nach Sucre in die andere Richtung fahren, mehr Möglichkeiten gibt es nicht. Der Fahrer hilft mir noch ein Taxi zu finden. Das ist insofern gut, als dass viele Taxis nicht als solche gekennzeichnet sind und - ich gehe mal davon aus - auch nicht als solche registriert. Ich zeige dem Taxifahrer die Adresse und zum Glück kann er etwas damit anfangen. Die Fahrt geht in die Altstadt, wo die Häuser nicht mehr klein und mit roten Steinen gemauert sind, sondern groß und hoch. Der Putz an den Häusern ist zum Teil schwarz oder ganz abgefallen. Die Straßen sind eng und zum Teil nicht asphaltiert sondern mit Kopfsteinpflaster belegt. »No urinar! Zona touristica!« steht auf einem Schild. Also, man soll nicht gegen die Hauswände pinkeln, weil dies eine touristische Zone ist. Na, das lässt tief blicken.

Das Hostel ist in einer kleinen Gasse das letzte Haus. Ein großes, schweres, dunkelgrünes Holztor, in welchem eine kleine Tür eingelassen ist, dient als Eingang. Früher sind durch dieses große Tor bestimmt Pferdekutschen hindurch gefahren. Hinter dem Tor geht das Kopfsteinpflaster weiter durch einen etwas dunklen, bogenförmigen Durchgang zu einem Innenhof, den ich allerdings nie betreten habe, weil dies wohl der Privatbereich der Familie ist, die das Hotel betreibt. Die Rezeption ist rechter Hand in einem Durchgang und äußerst dunkel. Die eigentlichen Fremdenzimmer befinden sich in einem weiteren Innenhof, den man erreicht, wenn man den dunklen Durchgang der Rezeption weiter geht. Dieses Haus war früher bestimmt einmal ein herrschaftliches Anwesen einer reichen spanischen Familie gewesen.

Ich stelle jetzt fest, dass ich diesmal kein Hostel, sondern eher ein kleines Hotel oder eine Pension gebucht habe. War mir bei der Auswahl nicht bewusst gewesen.

Die Zimmer, welche vermietet werden, haben alle eine zweigeteilte Tür zu dem Innenhof. Wahrscheinlich waren es früher die Pferdeställe und man hat daraus Fremdenzimmer gemacht. Der Innenhof wirkt gemütlich, mit einigen Sitzmöglichkeiten und kleinen Tischchen. In meinem Zimmer stehen zwei schwere Betten, die mit bunten Decken belegt sind. Eigenes Bad mit Dusche, sogar eine kleine Garderobe und Möglichkeit einen Koffer abzustellen. Es wurde an alles gedacht.

Die zusätzlichen Höhenmeter kann ich deutlich spüren. Ich kaue zwar fleißig meine Kokablätter, doch ob sie wirklich etwas helfen habe ich bis heute nicht herausfinden können. Die Besitzerin der Herberge empfängt mich freundlich, aber doch etwas reserviert. Dass ich einen Tag früher gekommen bin, als ich reserviert hatte, ist gar kein Problem, ganz im Gegenteil. Sie bittet mich, meine Reservierung zu stornieren. Sie spricht es nicht aus, aber ich weiß, dass sie sich dadurch die Gebühr spart, die sie sonst an die Buchungsapp zahlen müsste und dafür habe ich viel Verständnis.

Wo ich denn etwas zu essen bekommen könne, möchte ich wissen.

Hm, das sei heute schlecht, denn wegen Karneval seien alle Restaurants geschlossen, ist ihre Antwort.

Langsam bekomme ich eine Allergie auf das Wort »Karneval«.

Auf einer Tafel neben der Rezeption sehe ich verschiedene Angebote für Ausflüge. Unter anderem zum »Ojo de Inca« (Auge der Inka). Davon hatte ich gelesen und das wollte ich mir auch anschauen. Ich frage, wann dieser Ausflug stattfindet.

In einer Stunde würden sie mit anderen Gästen dort hinfahren und wenn ich Lust hätte, könnte ich mitkommen.

Natürlich will ich mitkommen. Es gelingt mir sogar, vorher noch einen geöffneten Grillstand zu finden und ein halbes, gegrilltes Hähnchen zu ergattern.

An einem der Tische des Innenhofes sitzt ein junges Paar beim Essen. Ich frage sie, ob ich mich mit meiner Mahlzeit dazu setzten darf. Natürlich ist das kein Problem. Fast neidisch fragen sie mich, wo ich denn das Grillhähnchen bekommen hätte. Sie selbst kauen nämlich lustlos auf pappigem Toastbrot herum, auf das sie sich irgendeinen Aufstrich schmieren. Sie wären auch lieber essen gegangen, aber alle Lokale sind ja wegen Karneval geschlossen, erzählen sie mir. So haben sie sich im Supermarkt, der zum Glück geöffnet hat, etwas zu essen gekauft. Jetzt erscheint mir mein Brathähnchen wie eine Trophäe, die ich erobert habe. Ich hätte es gerne mit ihnen geteilt, aber ich hatte es schon ordentlich angeknabbert und wollte es dann auch nicht mehr anbieten.

Sie sind aus Chile, erzählen sie mir. Mehr kann ich nicht verstehen, denn der Dialekt, den sie sprechen, hört sich für mich an wie eine unbekannte Sprache. Zum Glück kann der Mann Englisch und übersetzt, was die Frau mir sagen möchte. So erfahre ich, dass auch sie an diesem Nachmittag zum »Ojo de Inca« wollen. Wir sind also zusammen auf dieser Tour.

Wir fahren mit dem Geländewagen der Familie des Hotels. Der Mann fährt, neben ihm seine Frau, welche mich an der Rezeption schon begrüßt hatte. Hinten im Auto – im Kofferraum des Geländewagens - sitzen zwei junge Mädchen, die Töchter der Familie, wie sich später herausstellt. Der Mann trägt während der Fahrt eine Mundschutzmaske.

Ob er denn Angst habe, sich mit Corona anzustecken, frage ich ihn.

Nein, das habe er gar nicht, aber es sei nun mal Pflicht, dass man als Chauffeur Maske zu tragen habe.

Seine Frau und die beiden Töchter, tragen keine Maske. Also scheint die Angst in der Tat nicht so groß zu sein.

Die Fahrt geht aus der Stadt hinaus in die Berge, die noch höher sind, als Potosí ohnehin schon ist. Einmal werden wir an einem Polizeiposten und einmal an einem Militärposten angehalten. Beide Male wirkt es etwas bedrohlich auf mich. Ich höre, dass der Fahrer jedes Mal etwas von »Familienausflug« sagt, dann kann er weiter fahren. Warum das Militär dort steht, habe ich nicht erfahren. Insgesamt scheint mir in Bolivien das Militär sehr präsent zu sein, doch dies kann auch nur eine subjektive Beobachtung von mir sein.

Nach etwa einer halben Stunde Fahrt biegt der Fahrer in einen Feldweg ab und es geht steil den Berg nach oben. Ich nehme mal lieber noch eine Handvoll Kokablätter und stecke sie in den Mund. Irgendwann erscheinen zwei allein stehende Häuser und zwei Hunde laufen uns entgegen. Aus dem Haus tritt eine Frau und begrüßt die ältere Tochter herzlich. Diese überreicht ihr zwei große Flaschen Coca Cola. Ob dies wohl die Eintrittskarte für uns ist? Wir müssen noch circa 50 Meter laufen, dann stehen wir vor einem kreisrunden, kleinen See mit etwa 30 bis 40 Metern Durchmesser. Am Rand stehen vereinzelt große, kreisrunde Büschel Pampasgras. Der See ist wirklich kreisrund und die Wasseroberfläche ist spiegelglatt. In dieser wunderbaren Landschaft wirkt der See wie von Zauberhand erschaffen und hat etwas Magisches. Eine kleine, aus Natursteinen gemauerte Hütte steht daneben, in der wir uns umziehen können und dann geht es hinein in das 35 Grad warme Wasser. Ich möchte gerne einmal quer durch den See schwimmen. Nein!, nein!, ich solle mal lieber am Rand bleiben, weil es in der Mitte gefährlich sei, es gäbe dort Strudel, die nach unten ziehen. Ich glaube das zwar nicht, halte mich aber mal lieber an das, was mir gesagt wird. Später erfahre ich, dass vor nicht allzu langer Zeit ein betrunkener Argentinier in diesem See ertrunken sei. Da ich davon ausgehe, dass keiner der Einheimischen hier schwimmen kann, konnte ihn wohl auch keiner retten.

Es ist auch am Rand wunderschön. Bis zum Hals stehe ich im herrlich warmen Wasser und spüre den weichen, warmen Moorboden unter meinen Füßen. Ringsherum ergießt sich die traumhafte Andenlandschaft. Ich bin so dankbar, dass ich dies erleben darf. Wir schmieren uns den schwarzen Schlamm des Bodens ins Gesicht, der gut für die Haut sein soll. Es riecht etwas nach Schwefel und Moor.

Allein das Bad in diesem See ist für mich ein ganz tiefgreifendes Erlebnis. Doch die Natur hält noch eine ganz besondere Zugabe für uns bereit, denn plötzlich verdunkelt sich der Himmel und man hört aus der Ferne Donnergrollen. Wenn man in den Himmel schaut, sieht man auch Blitze zucken. Die Helligkeit der Blitze wird immer stärker und der Abstand zum darauffolgenden Donner immer kürzer. Als es wirklich nur noch drei Sekunden sind, entschließen wir uns, das Wasser zu verlassen. Wir hätten uns keine Minute später dafür entscheiden dürfen, denn - in der Hütte ankommen - prasselt ein Hagelschauer nieder, wie ich ihn noch nie erlebt habe. Die gesamte Umgebung ist innerhalb von Minuten mit weißen Hagelkörnern bedeckt; es sieht aus, als hätte es geschneit. Wir stehen in der Hütte und können das imposante Schauspiel durch die Fenster beobachten. Nach kurzer Zeit lässt der Hagel nach und die Wolken verziehen sich. Man kann die gelben Zickzackblitze über den Bergen weiterhin beobachten, manche vertikal, aber einige auch horizontal. Es ist unbeschreiblich eindrucksvoll.

Nach einer halben Stunde ist der gesamte Spuk vorbei und die Sonne scheint wieder. Doch jetzt hat sich eine Nebelwolke über dem See gebildet. Der gesamte See erscheint jetzt wie in Watte gehüllt.

Eigentlich könnten wir jetzt wieder schwimmen gehen, doch die ältere Tochter sagt, wir müssen jetzt ein ganzes Stück zum Auto laufen, weil ihr Vater wegen des Gewitters und des Regens den Berg hinuntergefahren sei und nun auf dem Parkplatz auf uns wartet. Sie fragt mich, ob das für mich in Ordnung sei. Ob sie es mir wohl nicht zutraut, eine halbe Stunde zu laufen?

Mir kommt das Laufen sehr gelegen, denn gerne genieße ich diese Landschaft auch zu Fuß. Wir laufen nicht den Weg entlang, sondern querfeldein über das karge Gras des Gebirges. Aus großen Natursteinen gemauerte Schwimmbecken tauchen auf. Ob sie noch aus der Zeit der Inkas stammen? Es würde mich nicht wundern. Auch kleinere Becken sind dabei, manche so klein wie Sitzbadewannen. Alle sind leer und nicht sonderlich sauber, aber auch nicht zugemüllt. Früher hat man bestimmt das warme Wasser dort hinein gelassen und die Menschen konnten baden. Heute hat man ein großes Schwimmbad unten im Tal gebaut, mit hellblauen Fliesen, wo die Menschen im warmen Wasser baden können. Später werfe ich auch einen Blick dort hinein. Kinder springen vom Beckenrand ins Wasser und schreien vor Freude. Einige wenige Leute schwimmen, viele halten sich einfach nur am Beckenrand auf. Die Atmosphäre ist wie in einem ganz normalen Schwimmbad. Es ist kein Vergleich zu dem, was ich gerade erlebt habe. Andererseits bin ich froh, dass so viele Menschen sich mit dem Schwimmbecken im Tal zufriedengeben. Auf diese Weise waren wir alleine oben im See.

Am Parkplatz angekommen wartet am Auto die Besitzerin des Hotels auf uns. Ihr Mann sei etwas spazieren gegangen und komme gleich. Da er den Autoschlüssel mitgenommen hat, müssen wir vor dem Auto warten. Es dauert dann doch etwa eine Stunde bis er kommt und es wird immer kälter, weil es ja nun schon Abend wird. Aber in dieser Zeit haben wir Gelegenheit, uns zu unterhalten und ich erfahre viel. Zum Beispiel, dass es hier oben keinen Arzt gibt. Wenn die Menschen krank sind, helfen sie sich mit Kräutern und Hausmitteln. Ich erfahre auch, dass die Menschen aus Potosí wesentlich mehr rote Blutkörperchen haben als Menschen, die in tieferen Gegenden leben. Wenn jemand aus Potosí nach Sucre ins Krankenhaus kommt, ist es deshalb wichtig, darauf hinzuweisen, dass er in Potosí lebt, weil die Ärzte sonst falsche Schlüsse aus der Menge der roten Blutkörperchen ziehen könnten. Die Frau erzählt uns außerdem, dass die Flüsse und Bäche durch den Bergbau sehr verunreinigt sind. Die indigenen Familien, die entlang der Bäche leben und von dem Wasser trinken, würden sehr oft an Krebs erkranken und es gäbe bei Neugeborenen sehr häufig Missbildungen. Dies und noch viel mehr erzählt sie uns. Ich kann es nicht nachprüfen, aber vorstellen kann ich mir sehr gut, dass die Gewässer durch den Bergbau mit giftigen Chemikalien verschmutzt werden.

Und dann erzählt sie noch eine Geschichte, die mich persönlich ganz besonders interessiert. Ihr Mann habe einmal Probleme mit seinen Knien gehabt, Schmerzen, Wassereinlagerungen, Arthrose; all das, was ich auch habe. Er ging zu einem Orthopäden und der wollte ihn sofort operieren. Dies sei ihrem Mann aber sehr unsympathisch gewesen und er habe nach Alternativen gesucht. Da es in Bolivien immer noch sehr viele Menschen gibt, die sich mit Kräutern und alternativen Heilmethoden auskennen, wurde ihm geraten, sich Kuhfußsuppe zu kochen und diese zu essen. Er habe sich auf dem Markt einen Kuhfuß gekauft und diesen so lange gekocht, bis die Suppe fast geleeartig eingedickt war. Das habe er gegessen. Nach vier Kuhfüßen seien alle Beschwerden weg gewesen und auch nicht mehr aufgetaucht. Ich bin zwar im Moment selbst beschwerdefrei, behalte mir aber die Geschichte im Hinterkopf, für den Fall, dass ich wieder Schmerzen bekommen sollte.

Irgendwann taucht der Mann samt Autoschlüssel auf. Ja, er habe einen schönen Spaziergang gemacht. Dass wir zu sechst auf ihn warten mussten und uns nicht ins Auto setzen konnten, weil er den Schlüssel hatte, wird von niemandem erwähnt. Jedenfalls merke ich bei ihm kein Anzeichen, dass er sein Verhalten in irgendeiner Weise nicht in Ordnung findet.

Zurück im Hotel bestelle ich mir eine Tasse Kaffee bei der Besitzerin, wohl wissend, dass ich in der Stadt keinen bekommen werde, denn es ist ja Karneval. Als ich anschließend noch etwas in die Stadt gehe, bestätigt sich dies. Ich stelle fest, dass meine Unterkunft sehr zentral liegt, ganz im Zentrum der Altstadt. Lange laufe ich allerdings nicht mehr herum, denn es ist kalt und ich bin müde. Also gehe ich früh schlafen. Doch richtig schlafen kann ich nicht. Ich friere, obwohl ich meinen dicken Pullover angezogen habe und finde insgesamt keinen Schlaf.

Für den nächsten Tag habe ich eine Tour zum Bergwerk des »Cerro Rico« gebucht. »Cerro Rico« heißt übersetzt soviel wie »reicher Berg«. Schon zu Zeiten der Inkas wurde in diesem Berg Silber abgebaut. Als dann die Spanier kamen übernahmen sie den Abbau des Silbers. Es muss wohl große Mengen davon in diesem Berg gegeben haben, deshalb auch der Name. Der Berg selbst sieht aus wie ein riesengroßer aufgeschütteter Sandkegel, aber natürlich besteht er weder aus Sand, noch ist er aufgeschüttet.

Ich unternehme die Tour wieder zusammen mit dem jungen Paar aus Chile. Wir werden in der Unterkunft von einem Taxi abgeholt und an einen Ort gebracht, an dem wir mit Gummistiefel, Hose, Jacke, Bauhelm und Stirnlampe ausgestattet werden. Dort treffen wir auch auf unseren Guide, einen kleinen, untersetzten Mann mit deutlich indigenen Vorfahren. Er ist sehr freundlich, hilft uns bei der Auswahl der Größe der Schutzkleidung und fährt anschließend im Taxi mit uns zum Bergwerk, welches noch ein ganz schönes Stück entfernt ist. Wir halten am »mercado de los mineros« (Markt der Minenarbeiter). Dort kann man alles kaufen, was man als Bergarbeiter braucht, von der Spitzhacke über Gummistiefel bis zum Dynamit. Dieser Markt ist möglicherweise der einzige Ort auf dieser Erde, wo man Dynamit frei und ohne Probleme kaufen kann. Dass die Minenarbeiter sich ihre komplette Ausrüstung selbst kaufen müssen, also von den Gummistiefeln bis zur Spitzhacke, erfahren wir später im Stollen.

Es ist üblich, den Minenarbeitern ein Geschenk mit zu bringen. Unser Guide führt uns zu einem kleinen Lädchen und wir kaufen jeder ein Beutelchen Kokablätter, ein Fläschchen von dem 96%igen Alkohol, der mir bereits in der Kapelle in Sucre aufgefallen war und ein Päckchen Zigaretten. Alles zusammen wird in einem Plastikbeutelchen verpackt und kostet zehn Bolivianos, also etwa 1,40 Euro. Dann geht es zur Mine. Vor dem Eingang erklärt unser Führer uns die Arbeitsbedingungen der Minenarbeiter. Sie sind allesamt Tagelöhner, das heißt wenn sie nicht zur Arbeit kommen (können), verdienen sie auch nichts. Der Tageslohn liegt bei circa zwölf Euro oder sogar noch weniger. Dieses Bergwerk gehört einer Cooperativa, das ist so etwas Ähnliches wie eine Genossenschaft und ist damit eines der Wenigen, die noch in bolivianischer Hand sind. Die allermeisten

Bergwerke in Bolivien gehören amerikanischen oder kanadischen Firmen. Jeder Stollen im Cerro Rico ist in Privatbesitz, die Arbeiter arbeiten für den Besitzer des Stollens, welcher die Rechte an dem Stollen einmal kaufen musste. Manchmal werden die Arbeiter am Gewinn beteiligt, aber nicht zwingend. Sie arbeiten stets in einer Gruppe von vier Personen. Sie selbst entscheiden, wo sie den Stollen voran treiben, je nachdem wo sie auf eine Ader stoßen. Silber gibt es kaum noch im Berg, aber Blei und Zink. Die Steine werden auf Loren geladen und mit Muskelkraft aus dem Berg geschoben. Eine Lore allein wiegt eine halbe Tonne, gefüllt wiegt sie zwei Tonnen. Heute am Aschermittwoch seien sehr wenig Arbeiter erschienen. Die meisten haben gestern viel gefeiert und könnten heute nicht arbeiten. Es sei fraglich, ob wir überhaupt Arbeiter antreffen werden. Soweit die Erklärung unseres Guides vor dem Stollen. Er selbst scheint sich auch nicht so wohl zu fühlen und ich habe die Vermutung, dass auch er an einem Kater leidet.

Dann geht es hinein in den Stollen. Wir haben alle eine Stirnlampe am Helm, so dass wir in der völligen Dunkelheit sehen können. Wir laufen entlang der Schienen. Der Weg wird immer matschiger, bis wir schließlich durch circa 20 cm tiefes Wasser waten. Ich habe Schwierigkeiten, den anderen hinterher zu kommen. Schließlich sehe ich ja nicht wo ich hintrete unter dem Wasser und glitschig ist es auch. Wir laufen durch verschiedene Abzweigungen, biegen mal hier, mal dort ab. Alleine würde ich nie wieder hinaus finden. Wir werden in einen kleinen Seitenstollen geführt, an dessen Ende eine Figur aufgebaut ist die gar furchterregend aussieht. Das Gesicht ist eine Teufelsfratze, mit Hörnern und allem, wie man sich einen Teufel in der katholischen Tradition vorstellt. Arme und Beine sind nicht zu sehen, weil über und über mit Luftschlangen und Kokablättern bedeckt. Zigaretten und die kleinen Alkoholfläschchen liegen überall herum. Weil gestern das Fest der Pachamama war, ist die Figur aber auch mit einem Blumenkranz geschmückt und es liegen auch überall Blumen herum. Wir setzten uns auf die Erde und lauschen der Erklärung unseres Führers.

Dies ist die Figur des »*EL TIO*«, den man in jedem Stollen findet. Er beschützt die Bergarbeiter vor Unfällen und dafür bringen sie ihm regelmäßig Opfer in Form von Kokablättern und Alkohol dar. Dann macht der Führer uns auf den überdimensional großen Penis der Figur aufmerksam. EL TIO sei der Gemahl von Pachamama. Wenn die Bergarbeiter mit ihren Presslufthämmern in die Erde bohren, sei das symbolisch so, als hätten sie beziehungsweise EL TIO Sex mit Pachamama (Mutter Erde). Deshalb dürfe nie die Ehefrau eines Bergarbeiters in den Stollen kommen, weil Pachamama dann eifersüchtig werden könnte. Die Ursprünge der Figur des EL TIO liegen bei den Spaniern, bekommen wir erklärt. Sie verpflichteten die Indigenen, aber auch Sklaven aus Afrika, in dem Bergwerk zu arbeiten. Da die Stollen aber damals sehr ungesichert waren und öfters einstürzten, mochten die Spanier sich nicht selbst darin aufhalten, um die Arbeiter zu überwachen. Deshalb hätten sie eine »Heiligenfigur« in jeden Stollen gestellt und den Arbeitern erzählt: »Dios ve todo« (Gott sieht alles). Im Laufe der Jahrhunderte wurde aus »Dios« eben »Tio« (was so viel wie Onkel heißt) und aus dem Heiligen wurde ein Teufel.

Eine schöne Geschichte. Ob es wirklich so war? So, oder so ähnlich. Jedenfalls habe ich an mehreren Stellen auf dieser Reise bemerkt, dass die Indigenen sehr einfallsreich waren, ihre Religion zu erhalten und dabei zugleich auch die katholischen Missionare irgendwie zu befriedigen. Unserem Führer tut die kleine Pause offensichtlich gut, ich merke, dass er absolut nicht fit ist.

Wir gehen weiter. Der Gang wird immer niedriger und irgendwann können wir nur noch gebückt gehen. Hatte ich mir zu Anfang Sorgen darüber gemacht, ob die Abstützung des Stollens mit Holzbalken wohl ausreicht und meine Zweifel daran gehabt, brauchte ich mir diese Gedanken jetzt nicht mehr zu machen. Hier gibt es gar keine Abstützung mehr, nur noch nackter Fels. Dieser Teil des Stollens ist völlig ungesichert. Mein unfachmännisches Auge erblickt auch Steine, die nur noch lose in der Decke hängen und auf jeden Fall demnächst abstürzen werden. Zum Glück haben wir die Bauhelme, wenn auch ohne Kinnriemen. Ich bin bereits mehrfach mit dem Kopf an scharfkantige Felsen gestoßen. Ich mag keine Helme, nicht beim Fahrrad fahren und sonst auch nicht. Hier bin ich dankbar, dass ich ihn habe. Mit zunehmender Enge des Stollens wird natürlich das Vorankommen immer beschwerlicher. Hinzu kommt, dass die Temperatur jetzt immer mehr ansteigt. Es sind bereits deutlich über 30 Grad. Und dass wir uns auf einer Höhe von über 4000 m befinden, wo sowieso jede kleine Anstrengung noch anstrengender ist, darf man ja auch nicht vergessen. Ich hätte an dieser Stelle gerne aufgegeben und wäre am liebsten einfach nur wieder raus gegangen. Das geht natürlich nicht.

Irgendwann stoßen wir dann tatsächlich auf vier Arbeiter. Sie arbeiten mit nackten Oberkörpern, aber immerhin tragen sie Helme. An dieser Stelle ist der Stollen wieder größer und breiter. Wir können auch wieder aufrecht stehen. Unser Guide überreicht die von uns gekauften Beutelchen, die von den Arbeitern sofort geöffnet werden, um die Alkoholfläschchen heraus zu nehmen. Das erste Fläschchen wird geöffnet, ein paar Tropfen auf den Boden gegossen für Pachamama, dann ein Schluck getrunken. Danach reicht der Arbeiter das Fläschchen weiter an den nächsten, der das gleiche Ritual vollführt. Auch an uns wird weitergereicht. Ich beteilige mich bei der ersten Runde, doch 96%iger Alkohol ist echt scharf. Bei den nächsten Runden gebe ich die Fläschchen einfach weiter. Während dieses Rituals stellen unser Führer und der Chilene Fragen an die Arbeiter. Wie lange sie schon dort arbeiten, wie viele Stunden, wie viel Mineralien sie gefunden haben, welche Mineralien sie finden usw. Mich interessiert es in diesem Moment gar nicht so arg. Ich bin viel zu sehr erschöpft. Aber eine Sache interessiert mich dann doch und diese Frage stellt jetzt der Chilene: Werden die Leute in den anderen Stollen informiert und gewarnt, bevor eine Sprengung gemacht wird? Diese Frage hatte mich auch schon beschäftigt. Wie zu erwarten ist die Antwort, dass dies nicht der Fall sei. Jeder gräbt und sprengt, wie er es für nötig hält. Dass der Berg, zumindest im oberen Bereich, genau aus diesem Grund einsturzgefährdet ist, habe ich erst später erfahren.

Hier eine kurze Zusammenfassung von dem, was ich erfahren habe:

Die Lebenserwartung der Arbeiter liegt bei maximal 50 Jahren. Viele sterben an Lungenkrankheiten, wegen des giftigen Staubes, den sie bei der Arbeit einatmen müssen. Natürlich gibt es auch viele Unfälle. Zwischen 40 und 60 tödliche Unfälle im Jahr ist die offizielle Schätzung und das bedeutet etwa ein Todesfall pro Woche! Ich frage nach sozialer Absicherung für die Familie von verunglückten Bergarbeitern: Negativ. Wenn jemand nicht mehr arbeiten kann, dann bekommt er auch kein Geld mehr, so einfach ist die Welt. Die psychische Belastung für die Arbeiter ist sehr hoch. Deshalb flüchten sich viele in Alkohol und die Familie muss darunter leiden. Auch Kinder arbeiten im Berg, aber keine in diesem Stollen, den wir gerade besichtigen. Durch den Bergbau werden die umliegenden Gewässer stark verunreinigt, worunter auch diejenigen Menschen leiden, die nicht vom Bergbau, sondern von der Landwirtschaft leben. Die offizielle Schätzung ist, dass circa 11000 Arbeiter in dem Berg ihre Beschäftigung haben und damit ist der Berg der größte Arbeitgeber der Region.

Endlich verabschieden wir uns von den Arbeitern und treten den Rückweg an. Ich kann nicht sagen, was mich mehr belastet hat, die Höhe, meine Erschöpfung, mein Unsicherheitsgefühl wegen des ungesicherten Stollens oder die unerträgliche Hitze. Ich bin so froh, dass es jetzt wieder Richtung Ausgang geht. Am Eingang des Stollens, wo sich EL TIO befindet, lässt unser Guide uns warten, weil er ihm noch ein Opfer darbringen möchte. An dieser Stelle ist der Stollen aber auch wieder so hoch, dass man bequem stehen kann. Der Stollen ist hier mit Holzbalken abgestützt und vor allen Dingen ist es nicht mehr so heiß. Trotzdem atme ich tief auf, als wir wieder draußen an der frischen Luft sind.

Der makabere Beinamen des Cerro Rico ist übrigens »der Berg, der Menschen frisst«. Und diesen Namen trägt er schon seit Jahrhunderten.

Würde ich so eine Tour noch einmal machen? Nein! Hätte ich sie gebucht, wenn ich gewusst hätte, was auf mich zukommt? Nein! Und trotzdem bin ich froh, dass ich es gemacht habe. Und vor allem bin ich sehr dankbar dafür, nicht in Potosí geboren worden zu sein. Vielleicht ist es doch besser, in einem Land zu leben, indem man die Muße hat, sich mit Genderfragen und »political correctness« der Sprache zu beschäftigen. Hier in Potosí geht es für viele Menschen einfach ums nackte Überleben.

Zurück in der Herberge beschließe ich, nicht weiter in Potosí zu bleiben. Das »Casa de la moneda« (Geldmuseum), welches recht berühmt ist, hat geschlossen –

wegen Karneval. Ich dachte am Aschermittwoch wäre alles vorbei, doch in Bolivien steckt man die Grenzen diesbezüglich nicht so rigide. Ich bekomme auch meine Zweifel daran, ob ich wirklich die tollen Produkte bestaunen möchte, die durch viel menschliches Elend aus dem Berg geholt wurden. Aber wenn ich da konsequent wäre, dürfte ich auch keine Silberohrringe haben und auch keinerlei Goldschmuck. Viel besitze ich ohnehin nicht, aber an jedem Gramm Gold oder Silber klebt wahrscheinlich Menschenblut. Da darf man jetzt gar nicht weiterdenken. Wie sieht es mit den Rohstoffen aus, die in meinem Smartphone verarbeitet wurden? Oder in meinen früheren Autos? Oder …. Ich beschließe jetzt erst einmal Kaffee trinken zu gehen und finde tatsächlich eines, das geöffnet hat. Der Kaffee schmeckt einigermaßen, der Kuchen aber gar nicht.

Ursprünglich wollte ich nach Uyuni fahren, dort übernachten und mir in Ruhe eine Tour durch die Salzwüste buchen. Doch dann entdecke ich in Potosí in einem Schaufenster ein Angebot für eine Tour durch die Salzwüste. Ich gehe in das Reisebüro, lasse mich beraten und mache die Buchung fest. Der Preis stimmt mit dem überein, was ich von anderen Touristen gehört hatte, also, warum nicht? Würde ich es noch einmal so machen? Mit Sicherheit nicht. Mit dem Wissen, das ich jetzt habe, hätte ich mich besser informiert, aber hinterher ist man immer schlauer. So schlittere ich in mein nächstes Abenteuer.

Im Reisebüro bekomme ich eine Reservierung für den Bus nach Uyuni, der um sechs Uhr morgens losfährt. Dort, in Uyuni, soll jemand auf mich warten und mich zu meiner Tour bringen. Soweit der Plan. Ich bitte die Besitzerin des Hotels, mir für 5:30 Uhr ein Taxi zu bestellen.

»Ach, das klappt nie«, ist die Antwort. Ich solle besser die 50 m hoch zum »Plaza Principal« laufen, dort würden immer Taxis stehen, auch nachts. Dies ist dann auch tatsächlich so.

Die kommende Nacht verbringe ich wieder fast schlaflos, wegen der Kälte und wohl auch wegen der Höhe. Ich bin froh, als die Nacht vorbei ist und ich endlich wieder aufstehen kann. Auf dem Plaza Prinzipal steht tatsächlich ein einziges Taxi um 5:30 Uhr morgens. Der Fahrer verlangt zuerst 15 Bolivianos für die Fahrt (mehr als zwei Euro). Als ich ihm sage, dass dies zu teuer sei, fragt er mich:

»Wie viel möchtest du bezahlen? Zehn?«

Ich willige ein. Das ist zwar immer noch zu teuer, aber großen Verhandlungsspielraum habe ich nicht, denn es ist das einzige Taxi, das überhaupt da steht. Außerdem tun mir seit gestern die Menschen, die in Potosí leben, ein bisschen leid und ich unterstütze sie gerne, wenn auch nur mit einem etwas überhöhten Taxitarif.

Im Bus wähle ich einen Fensterplatz, nicht nur um die schöne Landschaft bewundern zu können, sondern auch, weil ich gerne noch etwas schlafen möchte auf der

Fahrt. Zwei Nächte habe ich kaum geschlafen, da würde ich mich gerne noch etwas ausruhen, bevor es auf die Tour durch die Salzwüste geht. Neben mich setzt sich ein Bolivianer und er fängt sofort ein Gespräch mit mir an. Er fragt mich, was ich in Potosí gemacht hätte. Als ich ihm von meiner Tour ins Bergwerk erzähle, ist er in seinem Element. Ob der Führer uns auch dieses und jenes erklärt hätte. Wenn ich verneinte, erklärt er es mir. Er sei Touristenführer und wisse viel darüber. Dann hält er mir einen langen Vortrag über die Geschichte des Bergwerks. Ich verstehe nicht alles, weil er in ganz normalem Spanisch spricht und meine Spanischkenntnisse eben doch nicht so perfekt sind. Aber was ich verstehe ist, dass er von Atahualpa und seinen Brüdern spricht, von Pizzaro und einer Tochter, die irgend jemanden in Potosí geheiratet hat. Ich bekomme kaum etwas zusammen, aber ehrlich gesagt interessiert es mich auch gar nicht so sehr. Danach kommt er auf Deutschland und Hitler zu sprechen. Er erzählt mir den Werdegang von Hitler, was sich tatsächlich deckt mit dem, was ich darüber gelernt hatte. Österreicher, erfolgloser Kunstmaler, Postkarten gestaltet und so weiter. Dann behauptet er, dass Hitler von den Amerikanern und Engländern finanziert worden sei. Das hatte ich noch nicht gehört. Henry Ford hätte als einziger Amerikaner eine Auszeichnung von Hitler erhalten. War mir bisher unbekannt, ob es wohl auch stimmt? Als nächstes berichtet er von einem Deutschen namens Ernst Romm, der in Bolivien Soldaten ausgebildet hätte. Ich merke mir den Namen, weil ich es später googeln möchte. Meine spätere Recherche ergibt, dass es sich um Ernst Röhm handeln muss, der tatsächlich in den Jahren 1929/30 ein Jahr in Bolivien gelebt und an der Militärakademie unterrichtet hatte, laut meiner Internetrecherche. In Deutschland war er ein enger Vertrauter Hitlers, der die SA aufgebaut hat. Müsste man den Namen kennen als Deutsche? Wahrscheinlich schon, doch ich gebe zu, dass ich diesen Namen noch nie gehört hatte. An diesem frühen Morgen im Bus höre ich nur »Romm«, denke an Rommel und sage:

»Meinen sie Rommel?«

»Nein«, sagt mein Gesprächspartner, »Rommel war doch in Afrika und wurde von den Engländern gestoppt.«

Seine Kenntnis der deutschen Geschichte ist schon beeindruckend.

Als Nächstes ist Albert Speer dran. Er hätte doch zwei Türme in Berlin gebaut, aber mein Sitznachbar kommt im Moment nicht auf den Namen der Türme. Ich habe keine Ahnung, welche Türme Albert Speer in Berlin gebaut hat. Ich weiß nur, dass sein Sohn (oder Enkel?) ein bedeutender Architekt in Frankfurt ist, aber ich möchte so wenig Input wie möglich geben.

»Meinen Sie Tempelhof?«, pokere ich, weil ich mich zu erinnern glaube, dass einige Gebäude in Tempelhof etwas höher sind.

»Nein«, kommt es spontan von ihm. »Tempelhof war doch ein Flughafen und ist jetzt geschlossen!«

10:0 für ihn. Ich könnte nicht einmal sagen, wie der Flughafen in Sucre heißt, obwohl ich vor ein paar Tagen dort gelandet bin. Ich gebe auf, lasse ihn einfach weiterreden. An irgend einer Stelle kommt das »Gespräch« auch auf Corona und Maßnahmen. Ich habe mir nicht gemerkt, ob er eine Position dazu bezogen hat und falls ja, welche. Aber ein kleines Bonbon dieser Unterhaltung ist dann doch noch ganz interessant. Ich erzähle ihm, dass man in Deutschland als Nazi abgestempelt wird, wenn man eine kritische Meinung dazu vertritt.

»Und in Bolivien wird man als ‘Linker‘ beschimpft«, ist seine spontane Reaktion. Da müssen wir beide lachen. Zum Glück verabschiedet er sich in Uyuni von mir, ohne mir weitere Hilfe anzubieten.

SALAR DE UYUNI

Meine Erwartung, dass in Uyuni jemand steht, um mich abzuholen, wird leider enttäuscht. Doch nach einigem Hin- und Her und mehr als eine Stunde später sitze ich dann doch in einem Landrover und es geht los – dachte ich. Ich steige in ein Auto in dem bereit fünf Personen sitzen. Alle sind Brasilianer, doch das erfahre ich erst, als ich sie näher kennen lerne. Der junge Mann neben mir trägt eine rote Wollmütze, das fällt mir auf, denn eigentlich ist es sehr warm an diesem Tag und ich wundere mich etwas darüber. Wir fahren keine 15 Minuten, da sind wir schon an der ersten Attraktion: »Cemeterio de Traines« (Eisenbahnwagenfriedhof). Der Fahrer sagt, wir hätten eine halbe Stunde Zeit, um uns das anzuschauen.

»Und dann treffen wir uns wieder am Auto.«, gibt er uns mit auf den Weg.

Da stehen also ausrangierte Lokomotiven und Eisenbahnwagen herum. Touristen klettern darauf herum und lassen sich in allen möglichen Posen fotografieren. So richtig spannend finde ich das nicht. Ich laufe ein wenig herum, kaufe mir einen frischgepressten Fruchtsaft und gehe dann wieder Richtung Parkplatz. 30 Minuten war als Zeit vereinbart. Nach circa 20 Minuten gehe ich zurück. Auf dem Parkplatz stehen ganz viele Autos von verschiedenen Touristikunternehmen, fast alle der

Marke Landrover oder Landcruiser. Mir wird jetzt erst bewusst, dass ich mir die Farbe unseres Autos gar nicht gemerkt habe. So laufe ich also suchend die Reihen der geparkten Autos ab. War es weiß? Ich glaube ja, oder doch dunkel? Wie sah unser Fahrer aus? Nichts habe ich mir gemerkt. Wie sahen die anderen aus der Gruppe aus? Zero Erinnerung. Das Einzige, was ich mir gemerkt habe ist, dass auf dem Dach etwas in blaue Folie Verpacktes geladen war. Doch viele Autos haben etwas auf dem Dach geladen und mit blauer Folie verpackt. Ich gerate fast in Panik. Ich bin doch gar nicht zu spät. Sie würden doch nie und nimmer ohne mich weiter fahren. Aber verdammt nochmal, wo ist »mein« Auto? Fast steige ich in ein Auto ein, das ich als das richtige erkannt zu haben glaube. Die Leute im Auto schauen mich ganz verwundert an und der Fahrer deutet mir an: »No, no, no«.

Nach langer Zeit, die halbe Stunde ist lange vorbei, entdecke ich den jungen Brasilianer mit der roten Wollmütze. Ehrlich gesagt erkenne ich ihn nur an seiner Mütze. Er kommt ganz langsam auf den Parkplatz geschlendert, auf mich zu. Ich erzähle ihm ganz aufgeregt, dass ich das Auto nicht finden kann.

»Es ist da hinten«, sagt er und deutet auf einen goldmetallic lackierten Landrover, »unser Auto hat diese Farbe.«

Ich bin zwar nicht überzeugt davon, dass unser Auto diese Farbe hat, eigentlich habe ich es eher weiß in Erinnerung, doch möchte ich auf gar keinen Fall widersprechen. Vielleicht hat er ja recht und eigentlich bin ich einfach nur froh, dass noch jemand aus meiner Gruppe aufgetaucht ist. Dass auch er sich nicht mehr an die Farbe des Autos erinnern kann, erfüllt mich mit einer kleinen Genugtuung. Das goldmetallic Auto ist es nämlich auch nicht und er weiß jetzt auch nicht, wo unser Auto steht.

»Wo sind denn die anderen?« frage ich ihn.

»Die sind da hinten und kommen gleich.«

Tatsächlich tauchen zehn Minuten später die anderen auf, langsam und vergnügt. Eine Frau, zwei Männer und ein Kind im Alter von etwa 13 Jahren. Dass jetzt schon circa eine ganze Stunde vergangen ist, stört niemanden. Als sie bei uns beiden ankommen fährt ein silbergrauer Landrover auf uns zu. Das ist unser Fahrer, der in der Zwischenzeit noch einmal nach Uyuni zurückgefahren war, um etwas zu besorgen. Alle meine Aufregung war also umsonst gewesen.

Doch jetzt möchte ich mir natürlich meine Umwelt und vor allem meine Mitreisenden ein wenig genauer betrachten, damit so etwas nicht wieder vorkommt. Neben mir sitzt Samuel, jung, schmächtig, mit der roten Wollmütze, an der ich ihn erkannt hatte. Ihm wachsen kräftige Büschel Haare aus der Nase und auf mich wirkt er, als wenn er sehr wenig Selbstwertgefühl hat. Daneben Felipe, ein großer, kräftiger Mann mit kurzen, dunklen Haaren. Ich schätze ihn auf Anfang 40. Später stellt sich heraus, dass er gerade mal 30 Jahre alt ist, so alt wie Samuel, den ich auf Anfang 20 geschätzt hätte. Das ist die Mittelbank. Hinten im Auto sitzt die Frau und das Kind oder vielmehr der Jugendliche. Der Fahrer heißt Luis und ist klein und schlank, der Mann neben ihm groß und kräftig, mit kurzem Bart. Okay, das sollte reichen für den Anfang, um meine Mitreisenden wiederzuerkennen. Später lerne ich, dass der Mann auf dem Beifahrersitz, dessen Namen ich mir bis zum Schluss nicht gemerkt habe, der Ehemann der Frau (Juliana) ist und der Vater des Kindes (Lucas). Felipe ist Julianas Bruder. Samuel haben sie in La Paz bei einer gemeinsamen Wanderung kennengelernt und danach die Tour nach Uyuni gemeinsam geplant.

Endlich geht die Fahrt richtig los. Nach einigen Kilometern taucht die weiße Fläche der Salzwüste neben der Straße auf. Ich habe bei diesem Anblick ein ähnliches Gefühl wie damals als Kind, als ich zum ersten Mal das Meer gesehen habe. Einfach nur berauschend. Noch etwas fahren wir auf der Asphaltstraße, dann biegt der Fahrer ab und die Fahrt geht auf dem unendlichen Weiß weiter.

Keine Straße, einfach nur weiße Ebene. In der Ferne sieht man andere Autos, wir sind also nicht alleine. Luis erklärt sehr wenig bis gar nichts. Doch nach meinem Erlebnis mit dem Alleswisser im Bus bin ich ganz froh darüber. Wie die Wüste entstanden ist und wann und woraus sie besteht kann ich mir alles später anlesen. Jetzt bin ich hier und jetzt möchte ich es ERLEBEN.

Außerdem weiß ich ja schon von meinem alleswissenden Sitznachbarn im Bus heute Morgen, dass diese Wüste vom Weltall aus gesehen werden kann. Bei einem Apollo-Flug hätte man zur Nachjustierung bezüglich des Eintrittswinkels in die Erdumlaufbahn diese Salzwüste angepeilt. Und Neil Armstrong sei auch mal zu Besuch gekommen wegen dieses Ereignisses.

Wir fahren ein ganzes Stück durch das endlose Weiß. Es ist ein sonniger Tag mit blauem, fast wolkenlosem Himmel. Am Horizont taucht ein kleiner, schwarzer Punkt auf. Als wir darauf zufahren erkenne ich, dass es sich um ein Gebäude handelt. Viele Menschen sind darum herum zu sehen.

»In einer halben Stunde gibt es Essen«, verkündet Luis. Wir befinden uns jetzt bei einem Denkmal, auf dessen Sockel »Dakar Bolivia« steht. Viele Menschen stehen Schlange, um ein Foto auf diesem Sockel oder davor machen zu können. Ich weiß nicht, was das zu bedeuten hat und beschließe kein Foto zu wollen. Ich bin sowieso nicht so fixiert auf Fotos. Wer schaut sie sich denn später an? Kennen wir nicht alle Menschen, die ihre Urlaubsfotos unbedingt zeigen wollen und so richtig interessiert es keinen?

Luis zeigt auf das große, runde Gebäude in der Nähe.

»Dort treffen wir uns zum Essen in einer halben Stunde«.

Die Brasilianer stellen sich in der Schlange an. Da mich »Dakar Bolivia« nicht interessiert, laufe ich in die entgegengesetzte Richtung, einfach in das unendliche Weiß hinein. Ein unbeschreibliches Gefühl. Leider ist das Stimmengewirr der vielen Menschen immer noch zu hören und immer wieder sieht und hört man Autos über die Salzfläche fahren. Als ich vermute, dass die halbe Stunde vorüber ist, gehe ich in Richtung des großen, runden Hauses. Daneben ist ein kleiner Hügel, auf dem alle möglichen Fahnen flattern. Japan, USA (mehrfach), Israel, Bolivien, Argentinien, Europa, Italien, Frankreich, Spanien und viele, viele andere, die ich nicht auf Anhieb identifizieren kann. Wo ist die deutsche Fahne? Ach da: Schwarz, gelb, rot; doch halt – da stimmt doch etwas nicht. Die Streifen laufen vertikal und die Anordnung stimmt auch nicht. Schwarz, Rot, Gold ist doch die deutsche Fahne und die Streifen laufen horizontal, soweit ich mich erinnere. Man sieht sie so selten, die deutsche Fahne. Zu Zeiten von Fußball, ja, da ist sie allgegenwärtig, aber eigentlich nur zu dieser Gelegenheit. Fazit: Die deutsche Fahne ist in diesem Fahnengewimmel der Welt nicht vertreten, wohl aber die Belgische. Bei der Menge von deutschen Touristen, die mir allein während meiner Tour begegnet sind, ist dies schon etwas erstaunlich. Belgier habe ich keinen einzigen getroffen.

Die angegebene Zeit ist schon lange überschritten und ich gehe in das Gebäude hinein. In dem kreisrunden Gebäude ist in der Mitte eine runde Theke aufgebaut. Sternförmig stehen Tische aus Stein (es ist wohl eher Salz) und Hocker aus dem gleichen Material. An allen Tischen sitzen Leute, die am Essen sind. Ich suche nach meiner Gruppe. Fehlanzeige! Ich gehe einmal, zweimal, dreimal herum. Nada! Wieder draußen sehe ich die Brasilianer, wie sie am Fahnenhügel Fotos schießen. Sie haben eine eigene Fahne mit gebracht, von irgendeinem Sportverein, und posieren mit dieser Fahne für ein ausgiebiges Fotoshooting. Sie haben ganz viel Spaß dabei. Luis sehe ich in seinem Auto sitzen. Ich gehe auf ihn zu und merke, dass er etwas verstimmt ist.

»Wann kommen sie denn endlich?«, fragt er mich.

Ja, keine Ahnung. Aber ich sehe es auch nicht als meine Aufgabe an, die Gruppe zusammenzutreiben und beschließe noch etwas spazieren zu gehen. Trotzdem behalte ich das Treiben der Brasilianer im Auge. Irgendwann merke ich, dass sie Richtung Haus schlendern. Ich geselle mich zu ihnen, aber jetzt ist es Luis, der nicht auffindbar ist.

Doch kurze Zeit darauf erscheint er und verkündet:

»In zehn Minuten gibt es Essen. Wir müssen nur noch warten, bis ein Tisch frei wird«. Diese Zeitangabe stimmt ausnahmsweise einmal.

Luis hat einen der Tische gedeckt. Aus diversen Plastiktaschen und Kühlboxen holt er Gefäße heraus und stellt sie auf den Tisch. Es gibt Fleisch (das sogar noch warm ist), vegetarische Frikadellen (auch warm), gedünstetes Gemüse, kleingeschnittene Gurken, Tomaten und dicke Scheiben von Avocado. Dazu Quinoa, der auch noch warm ist. Ich bedauere, mir ein Stück Fleisch genommen zu haben, denn die vegetarischen Frikadellen sind viel leckerer. Aber das Fleisch übriglassen? Nein, das kann ich auch nicht. Nicht wegen »was auf den Teller kommt, wird auch gegessen«; oder doch? Ich finde es eben einfach nicht gut, Lebensmittel zu verschwenden – und schlecht schmeckt das Fleisch ja wirklich nicht.

Juliane fragt Luis, wer denn das Essen zubereitet hat.

»Meine Frau«, entgegnet er.

Wir alle loben seine Frau für das leckere Essen.

Normalerweise werde ich nach einem so üppigen Mahl immer müde. Ich hatte ja auch zwei Nächte kaum geschlafen. Doch heute keine Spur davon. Die Wüste oder das besondere Erlebnis scheint mir Energie zu geben.

Die Fahrt geht weiter: hinaus in das unendliche Weiß. Irgendwo im Nirgendwo hält Luis an. Fotosession ist angesagt.

In der Salzwüste kann man herrliche Fotos mit optischen Täuschungen machen. Meine Tochter, die zehn Jahre vorher die Wüste bereist hatte, war mit Fotos zurückgekommen, welche die Illusion gaben, als würde sie am langen schwarzen Zopf einer indigenen Frau hinaufklettern. Wirklich beeindruckend war das anzuschauen. Das Foto ist mir bis heute in Erinnerung geblieben. Doch auf unserer Tour befindet keine indigene Frau mit langem geflochtenem Zopf, also werde ich so ein Foto nicht bekommen können. Deshalb beschließe ich, auf die Fotosession ganz zu verzichten. Viel lieber möchte ich diesen herrlichen, einmaligen Ort auf dieser Erde erleben und spüren. Ich sage zu Luis, dass ich lieber einen Spaziergang machen möchte und auf die Fotos verzichte. Kein Problem, ich könne ruhig laufen. Sie würden etwa eine halbe Stunde brauchen für die Fotos, dann würde er mit dem Auto kommen und mich wieder einsammeln.

Nun kann ich das für mich wahrscheinlich einmalige und für immer unvergessene Erlebnis genießen, alleine durch dieses unendliche Weiß zu spazieren. Unter mir das weiße Salz, das ich mit meinen Füßen spüren kann, weil ich die Schuhe ausgezogen habe. Über mir der blaue Himmel und die Sonne, irgendwo in der Ferne ein paar Wolken und sonst NICHTS. Und dieses »NICHTS« ist auch in meinem Kopf. Kein Gedanke taucht auf. Doch,

einer schon: Ich denke nämlich: In so einem Moment braucht man keinen Eckhart Tolle mehr, keinen Sadhguru, Osho und wie sie alle heißen. Hier ist man einfach im HIER UND JETZT.

Ich laufe lange, immer weiter, weiter und weiter dem Horizont entgegen. Es ist angenehm warm und um mich herum ist Freiheit.

Plötzlich höre ich ein Motorengeräusch.

»Luis kommt, um mich abzuholen«, denke ich und verabschiede mich innerlich von diesem herrlichen Moment meines Lebens.

Weit gefehlt. Er holt mich zwar ab, aber nur weil er gemerkt hat, dass ich doch sehr weit gelaufen bin. Wenn ich noch weiter in diese Richtung laufen würde, könne er mich mit dem Auto nicht mehr holen, weil da die Salzkruste zu dünn wird, erklärt er mir. Er bringt mich in die Nähe der anderen und sagt mir, ich könne in Richtung der Berge laufen. Da sei es sicher und da müsse er später sowieso entlangfahren. Er sei zwar mit den Fotos noch nicht ganz fertig, bräuchte noch eine halbe Stunde, aber dann würde er mich wieder aufnehmen.

Diesmal lasse ich die Schuhe gleich im Auto. Ich habe also noch einmal das Glück, alleine durch die Wüste laufen zu dürfen. Mir ist es sehr recht, dass die Fotos so viele halbe Stunden dauern. Dadurch habe ich mehr Zeit, diese ganz besondere Natur zu genießen. Ich laufe also diesmal Richtung Berge und muss feststellen, dass es schon einen Unterschied macht, ob man am Horizont nichts sieht, oder ob man auf Berge zuläuft. Selbst diese weit entfernten Berge stellen schon wieder eine Art Begrenzung dar. Und die Gedankenlosigkeit meines ersten Spaziergangs ist nicht mehr so selbstverständlich.

»Ich kann das auch noch später denken«, rufe ich mich immer wieder zurück.

Die Struktur des Salzes ändert sich hier. Während des ersten Teils war ich ausschließlich über glatte Salzfläche gelaufen, die in unregelmäßige Sechsecke unterteilt war, wie bei einem riesengroßen gemusterten Teppich. In dem jetzigen Bereich der Wüste kommt das Sechseckmuster auch vor, wird aber unterbrochen von Stellen, in denen dieses Muster nicht erscheint. An diesen Stellen ist das Salz auch nicht so glatt und tut manchmal sogar ein wenig weh an den Füßen. Als ich mich einmal umdrehe, stelle ich fest, dass das Auto nur noch als winzig kleiner Punkt am Horizont zu sehen ist. Ich bin also wieder ganz schön weit gelaufen. Da kommen mir dann doch Bedenken. Wenn ich das Auto nur als kleinen Punkt sehen kann, dann kann man mich doch gar nicht mehr sehen, kombiniere ich. Also lasse ich Vernunft walten, kehre um und laufe in Richtung Auto.

Auf halber Strecke kommen sie mir entgegen. Auch sie hatten ihren Spaß gehabt. Ich kann die Fotos später sehen. Fünf Bierflaschen im Vordergrund aufgestellt, die Menschen im Hintergrund. Die Illusion sieht so aus, als würden die Menschen auf den Bierflaschen stehen.

Dann wurden noch Videos gedreht, die die Illusion erzeugen, dass ein Mensch von Bierflasche zu Bierflasche schreitet oder hüpft. Natürlich befanden sich in Wirklichkeit die Flaschen im Vordergrund und die Menschen in der Entfernung. Juliane macht es besonders gut. Sie tut so, als käme sie nach jedem Übergang auf die nächste Flasche aus dem Gleichgewicht und müsse sich wieder ausbalancieren. Da kommt wirklich niemand auf die Idee, dass sie eigentlich auf ebenen Boden gestanden hat. Ich finde die Fotos wirklich außergewöhnlich, bekomme sie auch geschickt und kann sie in Deutschland zeigen. Dass ich persönlich nicht dabei bin, macht für mich keinen Unterschied. Es fehlt mir kein bisschen, nicht dabei gewesen zu sein.

Die Brasilianer haben genaue Vorstellungen von unserem Tagesausflug: »Espejo« (Spiegel) sollte noch auf dem Programm sein. Dieses Spiegelerlebnis gibt es dann, wenn Wasser auf der Salzfläche steht und sich die Berge (oder Gegenstände) auf der Wasserfläche spiegeln. Luis bringt uns zu einer Stelle an der dies der Fall ist. Ich versuche wieder barfuß zu laufen. Von der Temperatur her wäre es noch gegangen, doch unter dem Wasser ist das Salz hier so spitzkantig, dass es sehr an den Füßen schmerzt. Meine einzigen Schuhe will ich nicht nass machen. Juliane gibt mir ein paar einfache Flipflops, die sind ideal.

Es neigt sich dem Abend zu. Die Berge spiegeln sich auf der weißen Wasserfläche, was sehr schöne Fotos ergibt. Für mich wäre das Erlebnis genug gewesen, doch Luis setzte noch ordentlich einen obendrauf. Er klettert aufs Autodach, von wo er einen Klapptisch hervorholt. Dieser wird mit einer grünen Tischdecke bedeckt. Darauf sechs Weingläser und eine Flasche Rotwein der Firma Kohlberg. Na, wenn das mal kein Deutscher ist, der dieses Weingut gegründet hat.

Alleine die Fotos dieses romantisch gedeckten Tisches mit den Bergen im Hintergrund in dem Licht der untergehenden Sonne hätten gereicht als Attraktion. Tatsächlich dürfen wir den Wein anschließend auch noch trinken und er ist richtig gut.

Ja und dann werde ich doch noch Teil eines Fotoshootings. Auf Anweisung von Luis stellen wir uns in einer Reihe auf und er erklärt uns eine Choreografie. Er fährt mit seinem Auto um uns herum und jedes Mal, wenn er ein Zeichen gibt, sollen wir die Stellung in der uns angewiesenen Art ändern. Während er um uns herum fährt filmt er. Daraus entsteht dann ein interessantes Filmchen.

Jetzt wird es schon richtig dämmrig und damit wird es auch kälter. Alles schnell ins Auto verladen und dann geht es weiter.

Während es tagsüber richtig warm war, und ich sogar im T-Shirt meinen Spaziergang machen konnte, wird es jetzt wieder empfindlich kalt. Ich habe meine kleine Reisetasche wirklich gut gepackt. Zwei T-Shirts zum Wechseln, eine Hose zum Wechseln und ansonsten warmen Strickpullover, warme Suferjacke, warmes Langarm T-Shirt. Damit bin ich sehr gut ausgestattet.

Die Herberge für die kommende Nacht ist in einem kleinen, erbärmlichen Nest am Rande der Wüste. Das

Hotel ist aus Salzblöcken gebaut. Ich bekomme ein Einzelzimmer. Die Wände sind aus Salzblöcken, die Matratze des Bettes liegt ebenfalls auf einem Sockel aus Salzblöcken und der Teppich – ja, ich dachte anfangs wirklich, es sei ein Teppich – sind kleine Salzkügelchen und grobe Salzkörner. Ich hebe einige auf, weil ich es anfangs nicht glauben kann, dass es kein Teppich ist. Dies ist wohl der hygienischste Fußbodenbelag, den ich jemals in einem Hotel erlebt habe.

Was mir ferner auffällt: Es ist nicht kalt im Raum. Auch nicht warm, aber keinesfalls diese elende, markergreifende Kälte, die ich in meinem Zimmer in Potosí gespürt hatte. Eigentlich hatte ich zwei Nächte nicht geschlafen. Erstaunlich, wie fit ich bin.

»In zehn Minuten gibt es oben im ersten Stock Abendessen«, teilt Luis uns mit.

Also noch genügend Zeit für einen gemütlichen Spaziergang! Draußen bestaune ich den wundervollen Sternenhimmel. Es ist jetzt eiskalt, aber der Himmel ist glasklar mit Millionen von Sternen. Deutlich kann man die Milchstraße erkennen.

»All diese Lichter sind Sonnen, so wie unsere Sonne«, kommt mir in den Sinn. Da ist doch die Wahrscheinlichkeit, dass es irgendwo da draußen einen Planeten gibt, der ähnliche Lebensbedingung hat wie unserer und auf dem es Leben, beziehungsweise andere Lebewesen, gibt sehr groß.

Da! Eine Sternschnuppe! Ein Wunsch, ist auch sofort präsent. Nach etwa 20 Minuten kehre ich zurück ins Hotel und treffe Luis.

»In fünf Minuten gibt es Abendessen oben!«, sagt er zu mir. Ich muss schmunzeln und bin stolz auf mich, dass ich die anfänglichen zehn Minuten nicht geglaubt hatte. Als ich fünf Minuten später am Tisch sitze, bin ich zwar die Erste, aber es gibt wirklich Abendessen. Leckere Suppe und danach eine Schüssel mit Salat. Wir warten noch auf weiteres Essen, doch da kommt nichts. Ich beschließe dann einfach mal mit dem Salat anzufangen und siehe da, unter den Salatblättern verbergen sich noch Kartoffeln und Gemüse, Fleisch und Soße. Es schmeckt köstlich und ist ausreichend für alle, obwohl die Schüssel klein wirkt.

An den anderen Tischen sitzen Gäste aus anderen Reisegruppen. Ein Tisch ist ganz gefüllt mit Deutschen, an einem anderen Tisch sitzt ein amerikanisches Paar mit ganz kleinem Baby und vier Deutsche. Ich gebe mich nicht als Deutsche zu erkennen. Lieber unterhalte ich mich mit den Brasilianern auf Spanisch beziehungsweise mit Felipe auf Englisch. Sehr oft ist es mir im Ausland schon passiert, dass ich von Deutschen »abgekanzelt« wurde, wenn ich einen kleinen »Smalltalk« versuchte. Für mich wäre es normal, 10000 Kilometer entfernt von der Heimat, mit Menschen kurz zu sprechen, die aus dem gleichen Land kommen. Ich glaube, für andere Nationen ist das auch normal. Doch nach den Erfahrungen, die ich bei solchen Versuchen schon gemacht habe, nämlich auf eine Mauer der Ablehnung zu stoßen, unterlasse ich es lieber, mich als Deutsche erkennen zu geben. Es ist gängige Praxis unter Deutschen im Ausland, dass man sofort den Mund hält und keine Gespräche mehr führt, sobald andere Deutsche auftauchen, um ja nicht als Landsmann erkannt zu werden. Warum das so ist? Keine Ahnung. Aber erlebt habe ich es schon häufig und bei dieser Gelegenheit praktiziere ich es auch selbst. Nach dem Essen gehe ich sofort ins Bett und schlafe in dieser Nacht richtig gut.

Die Gruppe hatte beschlossen, dass wir vor dem Frühstück am nächsten Tag, den Sonnenaufgang bewundern wollen. Besonders Juliane setzte sich dafür ein, weil es ihr ganz wichtig sei. Bei mir gibt es Komplikationen, weil ich das Anschauen des Sonnenaufgangs angeblich nicht mit gebucht hätte und jetzt dafür noch einmal 12 Euro extra bezahlen soll. Naja, ich sehe es zwar nicht so ganz ein, aber mir dieses Erlebnis entgehen zu lassen, bloß weil ich zu geizig bin 12 Euro zu bezahlen, das würde ich mir nie verzeihen.

So sitzen wir am nächsten Morgen um sechs Uhr früh im Auto und fahren Richtung Salzwüste. Die Fahrt ist keine fünf Kilometer lang und ich ärgere mich ein kleines bisschen über den Aufpreis. Luis hält an einer Stelle, wo ein Damm aus Erde als Fahrstraße für Autos aufgeschüttet ist. Es steht etwas Wasser auf dem Salz und ich ziehe die ausgeliehenen Gummistiefel an. Wie immer entferne ich mich von der Gruppe und laufe der Sonne entgegen. Es ist sehr, gefühlt weit unter dem Gefrierpunkt. Die Bewegung tut mir gut.

Wie alle Sonnenaufgänge ist auch dieser traumhaft schön und spektakulär. Erst ist es dunkel und eiskalt. Dann verfärbt sich der Horizont allmählich rötlich und man kann erahnen, wo die Sonne bald aufgehen wird. In diese Richtung laufe ich. Anschließend wird es heller und heller. Ich staune und friere. Das Rot am Horizont wird immer heller und farbenprächtiger. Und dann - plötzlich - die ersten gelben Strahlen der Sonne sind zu sehen und auch sofort zu spüren. Ich kann die Wärme der ersten Sonnenstrahlen auf meinem Körper spüren und sie tun gut. In diesem Moment erfüllt mich eine tiefe Dankbarkeit. Dankbarkeit der Sonne gegenüber. Mir wird bewusst, dass wir es nur der Sonne verdanken, überhaupt zu existieren. Dass wir all unsere Nahrung und unser Leben einzig und allein der Sonne und ihrem Zusammenspiel mit den anderen Planeten und der Erde zu verdanken haben. Mich überkommt tiefes Verständnis für die Naturvölker, welche die Sonne anbeten und als heilig verehren, weil auch sie dankbar sind.

Wie schade, dass die monotheistischen Religionen dies alles zerstört haben. Unsere Welt wäre vielleicht anders, vermutlich besser, wenn uns dieses Bewusstsein, dass wir von der Erde, der Sonne und anderen Naturgegebenheiten abhängig sind, erhalten geblieben wäre. Wenn wir uns Dankbarkeit und Verehrung den Naturgewalten gegenüber erhalten hätten. In unserer »zivilisierten« Welt glauben die Menschen, alles sei kontrollierbar. Sonne, Mond, Sterne und Erde sind selbstverständliche Gegebenheiten, die man messen, wiegen, auf chemische Bestandteile untersuchen und immer weiter erforschen kann. Man bastelt an künstlicher Intelligenz, weil der Mensch den Menschen übertreffen will. Aber meiner Meinung nach funktioniert das nicht. Der Sonne ist es egal, ob sie von den Menschen angebetet und verehrt wird (eingefleischte Esoteriker werden mir jetzt aufs Heftigste widersprechen). Sie hört deshalb nicht auf zu scheinen, auch nicht wenn der Mensch meint, er hätte alles selbst im Griff und bräuchte die Natur nicht. Aber eine kleine Veränderung der Sonne, wodurch auch immer ausgelöst, und die Sonne fängt an mehr Energie abzugeben, oder weniger, kann alles Leben auf der Erde aus dem Gleichgewicht bringen und zerstören. Da können auch keine IT Spezialisten helfen und dem Programm der Sonne ein Update verpassen. Dann ist einfach für uns Menschen »der Ofen aus«. Dies geht mir an diesem Morgen durch den Kopf und ich bin dankbar dafür, dass die Sonne und alles andere einfach so ist, wie es ist.

HOCH IN DIE BERGE

Hätte ich eine Zweitagestour gebucht, wären wir wohl an diesem Tag noch etwas in die Berge gefahren oder durch die Salzwüste und ich hätte diese Tour einzig und allein als wunderbares Erlebnis in Erinnerung behalten. Hätte, hätte, Fahrradkette.

Nach dem Sonnenaufgang wartet im Hotel unser Frühstück schon auf uns. Wie bei den anderen Mahlzeiten die wir zusammen eingenommen haben, gibt es wieder eine Diskussion mit dem dreizehn jährigen Sohn bezüglich seiner Nahrung. Auf den ersten Blick war mir Lucas etwas unsympathisch gewesen, weil er mich ein bisschen an die Figur des Dudley von Harry Potter erinnert. Tatsächlich hat er eine gewisse Ähnlichkeit mit dieser Romanfigur: etwas übergewichtig, rundes Gesicht, dicke Backen, keine Kontaktaufnahme mit mir oder Anderen, außer mit seiner Familie, eher nur auf sich selbst bezogen. Als ich aber die Struktur in dieser Familie etwas mehr zu durchschauen glaube, tut er mir einfach nur leid. Er ist das einzige Kind der beiden. Juliane bekam ihn als sie schon 41 Jahre alt war. Da die Eltern wohlhabend zu sein scheinen, können sie ihn auch recht gut verwöhnen. Sie geben sich sehr viel Mühe, nur das Beste für den Jungen zu tun. So auch diese Reise, die unter anderem deshalb unternommen wird, um Lucas etwas von der Welt zu zeigen. Ich vermute, dass die ganze Reise für ihn eher langweilig ist, denn ein 13-Jähriger interessiert sich wahrscheinlich weniger für schöne Landschaften und dergleichen.

Zum Frühstück bekommt er vom Vater sein Müsli zubereitet und von der Mutter das Brot geschmiert. Weil er ja etwas dicklich ist, gibt es bei jeder Mahlzeit Diskussionen darüber, was er essen darf und was nicht und vor allem wie viel davon. Im Grunde weiß er aber, wie er trotz Diskussionen immer das bekommt, was er will. Zum Beispiel gab es an einem Stopp der Reise Hähnchenschenkel mit Nudeln und Gemüse. Die Vorgabe war, dass er erst etwas Gemüse essen muss, bevor er sich Nudeln nehmen darf. Er wählte als Gemüse eine Kartoffel aus. Er schälte und schälte und schälte an der Kartoffel, bis wirklich nur noch ein kleiner Happen davon übrig war. Für diese Aktion hatte er bestimmt zehn Minuten aufgewendet. Als der Bissen Kartoffel gegessen war machte er sich über die Nudeln und das Fleisch her, die in minutenschnelle verschlungen waren. Danach gab es Diskussion darüber, ob ein Nachschlag von Nudeln erlaubt war oder nicht. Natürlich wurde das negativ beschieden und natürlich ließ er sich den Nachschlag am Ende schmecken.

Lucas wirkt auf mich insgesamt etwas ungelenk und motorisch ein klein bisschen auffällig. Zum Beispiel wirkt die Art wie er mit Messer und Gabel umgeht auf mich etwas unbeholfen. Aber kein Wunder, wenn man sich mit 13 Jahren nicht einmal selbst sein Brot schmieren darf, ich will gar nicht wissen, wie lange er als Kleinkind gefüttert wurde. Die Eltern sind sich im Moment bestimmt sicher, dass sie alles richtig machen mit ihrem Kind. Sie geben sich ja auch richtig Mühe und gehen sehr liebevoll mit ihm um. Ich als Außenstehende sehe die Dinge etwas anders.

Vielleicht habe ich deshalb einen besonderen Blick darauf, weil ich mir heute immer wieder große Vorwürfe mache, mit meinen Kindern dieses und jenes falsch gemacht zu haben. Damals, als ich in der Situation drin steckte, war ich der Meinung es richtig zu machen. Ob Juliane sich später auch einmal Vorwürfe macht? Ich werde es nie erfahren. Und vielleicht macht sie ja auch alles richtig und es ist nur mein Blick auf die Dinge, der da Fehler entdeckt.

Nach dem Frühstück unterhalte ich mich noch etwas mit Juliane. Sie spricht portugiesisch und ich spanisch. Wir verstehen uns. Wir unterhalten uns über die Veränderungen in der Welt und dass die Welt immer in Veränderung ist. Ich berichte ihr von meinem Gefühl der Dankbarkeit der Sonne gegenüber, was sie gut verstehen kann, weil sie es ähnlich empfunden hat. Sie ist Astrologin und erklärt mir, dass die Welt deshalb im Moment so stark in Veränderung ist, weil Pluto (der Planet)..............

Leider habe ich dann doch nicht verstehen können, was sich bei Pluto verändert hat. Jedenfalls hinge Pluto mit Hades (dem griechischen Gott der Unterwelt) zusammen und die Menschheit stehe jetzt vor einem Scheideweg. Wie auch immer, dieses Gespräch bringt uns näher und das fühlt sich gut an.

Einladen des Gepäcks. Meine kleine Reisetasche ist schnell verstaut, die brasilianische Familie hat mehrere Koffer und Taschen, die alle gut Platz auf dem Dach des Landrovers finden. Der schmächtige Samuel hat nur seinen Rucksack dabei, den er mit in den Fahrgastraum nimmt. Er hat keine Kleidung zum Wechseln, nur was er am Leib trägt: seine Jeans, sein T-Shirt und darüber eine Joggingjacke. Natürlich noch seine rote Mütze. Er friert ständig. Nicht nur, weil er zu dünn gekleidet ist, sondern auch, weil er aus dem Norden von Brasilien kommt, wo es immer sehr warm ist. Aber er lässt sich nichts anmerken.

Die Fahrt geht weiter bis zu einem Ort namens San Juan. Drei wunderschöne riesengroße Kakteen stehen am Rand eines Platzes in der Dorfmitte. Sie sind bestimmt drei Meter hoch und haben einen Durchmesser von mindestens 50 Zentimetern.

»Eine halbe Stunde Pause«, sagt Luis. Wir könnten hier auf Toilette gehen und uns in dem kleinen Laden etwas kaufen.

Ich ziehe es vor, etwas spazieren zu gehen und laufe aus dem Dorf hinaus in eine friedvolle Steppenlandschaft. Die Atmosphäre dieser Landschaft empfinde ich als sehr intensiv. Nachdem ich bestimmt 20 Minuten gelaufen bin, taucht ein Schild neben dem kleinen Pfad auf, welches einen Inkafriedhof ankündigt. Er ist nur etwa 200 Meter von dem Schild entfernt. Ich würde gerne hingehen und ihn mir anschauen. Aber ich möchte auch nicht zu spät zum Auto zurückkommen. Irgendwie steckt die deutsche Pünktlichkeit doch ganz schön tief in mir. Nach den gemachten Erfahrungen hätte ich eigentlich schon etwas gelernt haben können. Jedenfalls verzichte ich darauf weiter zu gehen, mir den Inkafriedhof anzuschauen und kehre um. Eine Entscheidung über die ich mich anschließend sehr geärgert habe. Als ich ins Dorf zurückkomme liegt Luis unter dem Auto und schleift oder schweißt etwas, jedenfalls sprüht es Funken. Die brasilianische Familie sitzt auf einer Bank vor dem kleinen Geschäft und wartet. Ich setze mich daneben und warte auch. Jetzt bedauere ich es sehr, dass ich nicht doch zum Inkafriedhof gegangen bin. Wäre ich nicht so deutsch gepolt, hätte ich mich über die »halbe Stunde« hinweggesetzt, den Inkafriedhof besucht und wäre immer noch pünktlich zurückgekommen. Die Brasilianer haben doch auch keine Probleme damit. Doch der Drang, innerhalb der angegebenen Zeit zurück zu sein, war einfach zu stark gewesen. Was ist das? Die legendäre »deutsche Pünktlichkeit«? Natürlich steckt sie auch in mir, obwohl ich in Deutschland immer auf den allerletzten Drücker zu Terminen erschienen war, manchmal sogar zu spät. Da machte es mir wenig aus, etwas zu spät zu kommen. Und ausgerechnet hier ist es plötzlich ganz anders. Sollte ich nicht einfach mal lernen, auch hier in Südamerika lockerer mit diesem Thema umzugehen? Natürlich bin ich grundsätzlich der Meinung, dass man sich in einer Gruppe an Vereinbarungen halten sollte, damit die anderen nicht unter meinem Verhalten leiden müssen.

Luis liegt immer noch unter dem Auto. Nach langer Zeit verstaut er eine Hydraulikstange im Kofferraum und signalisiert, dass es jetzt weitergehen kann. Es macht zwar keinen besonders guten Eindruck auf mich, dass das Auto während der ersten Kilometer an diesem Tag schon repariert werden muss, doch ich fürchte, ich habe keinen Handlungsspielraum. Ein anderes Auto steht nicht bereit und einen Bus nach Uyuni gibt es auch nicht. Bleibt also nur Vertrauen. Es wird schon gut gehen!

Am Wegrand tauchen riesige Kakteen auf. Wir bitten Luis anzuhalten, weil wir sie uns etwas näher anschauen möchten. Eine der Attraktionen, die normalerweise zu so einer Tour gehört, ist leider im Moment nicht zugänglich, weil es in der letzten Zeit stark geregnet hat und jetzt zu viel Wasser auf dem Salz steht. Das ist die Insel Incahuasi, eine Felsformation, die aus dem Weiß des Salzsees herausragt und auf der jahrhundertealte Kakteen zu bestaunen sind. Die Kakteen, die hier am Wegrand stehen, sind aber ebenso groß und damit ebenso alt.

Jetzt geht es hoch in die Berge. Aus der Steppenlandschaft mit Büschen und Gras wird langsam kahle braune Landschaft, wo nichts mehr wächst. Trotzdem sieht man auch dort Lamaherden und ganz viele Gruppen von Vicunas.

Übrigens gehören Vicunas, Alpakas und Lamas zu der Familie der Kamele. Vicunas sind den Lamas ähnlich, aber etwas kleiner und zierlicher. Während es bei Lamas braune, schwarze und weiße Tiere gibt, haben Vicunas alle die gleiche Maserung. Sie haben beige Beine, eine beige Unterseite und das Fell des Rückens ist in einem warmen Braun.

Nach ewig langer Fahrt kommen wir am Eingang des Nationalparks an. 150 Bolivianos (circa 22 Euro) müssen wir an Eintritt bezahlen, ferner Papierkram ausfüllen und unsere Reisepassnummern eintragen. Das dauert bei der brasilianischen Familie natürlich lange, weil sie viele sind. Luis wird etwas ungeduldig, er möchte so schnell wie möglich weiter.

»Hat etwas mit der Ankunft in der nächsten Herberge zu tun«, erklärt mir Filipe.

Ich bin die Letzte, die die Formalitäten erledigt. Danach schlüpfe ich schnell ins Auto, weil ich denke, dass es sofort weiter geht.

»Halt«, ruft Juliana, »Lucas ist noch auf der Toilette«.

Also warten wir. Und warten und warten und warten und ....

Andere Landrover mit Touristen erscheinen, die Gäste gehen ins Haus, erledigen ihre Papiere und fahren dann weiter. Wir stehen da und warten.

Luis, der anfangs noch ungeduldig wirkte, resigniert irgendwann und wird wieder ganz ruhig. Lucas scheint wohl unter Verstopfung zu leiden.

Der Vater meint lachend: »Das kann dauern bei ihm.«

Trotzdem geht er immer mal wieder in das Toilettenhäuschen, um sich nach dem Fortschritt zu erkundigen. Nach einer gefühlten Ewigkeit erscheint Lucas in der Tür und strahlt, als wenn er gerade eine Heldentat vollbracht hätte. Jetzt kann die Fahrt weitergehen. Möglicherweise habe ich dieser Verzögerung zu verdanken, dass wir die kommende Nacht in einer schäbigen Herberge übernachten müssen, die auf fast 5000 Metern liegt.

Der nächste Halt ist an einer Lagune. Dort können wir Flamingos bestaunen. Hier stehen sie alle auf zwei Beinen, nicht so wie die, welche ich früher im Frankfurter Zoo gesehen habe. Die standen nämlich alle nur auf einem Bein. Vielleicht ist das eine andere Rasse. Luis erklärt uns, dass es sich um drei verschiedene Rassen handelt. Die Frage, ob sie sich nicht untereinander paaren, verneint er. Aber sie leben alle friedlich in dem gleichen Bergsee, bunt gemischt zusammen. Sollten sich die Nationen der Erde mal eine Scheibe davon abschneiden. Es sind die ersten wildlebenden Flamingos, die ich zu sehen bekomme.

Es geht weiter durch die karge Landschaft der Berge. Einen Stopp machen wir bei »versteinerten Bäumen«, - angeblich. Für mich sind es einfach Felsformationen.

An jedem touristischen Hotspot stehen viele Geländewagen und es gibt Toiletten. Der Preis für die Toilettenbenutzung ist mittlerweile auf 5 Bolivianos (circa 70 Cent) gestiegen. Der normale Preis in einer Stadt beträgt ein Boliviano. Vor jeder Toilettenbenutzung bekommt man ein Bündel Klopapier, wenn man bezahlt hat. Ich sammle vieles davon, was sich später als sehr nützlich herausstellen wird.

Den ganzen Tag über leide ich schon unter Blähungen. Bei jedem Stopp entferne ich mich von der Gruppe, um mein System ordentlich und dezent entlüften zu können. Das ist recht unangenehm.

Wir fahren und fahren und fahren. Gelegentlicher Halt an einer Lagune. Eine davon ist ganz rot, weil irgendwelche Algen sie rot färben. Mittagessen an einer anderen Lagune, in der unglaublich viele Flamingos stehen. Und weiter geht die Fahrt. Irgendwie erlebe ich es als Abhaken von Attraktionen. An jeder Lagune haben wir circa 20 Minuten Zeit uns umzuschauen, dann geht es weiter. Straßen gibt es teilweise keine mehr. Durch die staubigen Hochebenen fahren die Autos dort, wo es den Fahrern gefällt. Wir kommen an einer Stelle vorbei, an der die Landschaft ganz ähnlich aussieht wie auf einem berühmten Gemälde von Dalí. Ob Dalí wohl hier war und sich Inspirationen geholt hat?

Und immer geht es weiter in die Berge. Filipe hat einen Höhenmesser auf seinem Handy. 4975 Meter zeigt die höchste Stelle an und das ist nur wenige Kilometer von unserer Herberge für die kommende Nacht entfernt.

Dort, an der höchsten Stelle, zischt ein heißer Dampfstrahl mit großem Druck aus der Erde. Ein Stückchen weiter ist eine Stelle, wo nach Schwefel riechende Dämpfe aus der Erde strömen und Becken in denen grauer, heißer Schlamm blubbert. Irgendwie finde ich es unheimlich, so direkt am Zugang zum heißen Inneren der Erde zu sein.

Nicht weit davon entfernt ist unsere Herberge. Ein einfaches Haus aus einfachen Steinen gebaut. Daneben steht eine andere Herberge, die ein winzig kleines bisschen komfortabler wirkt. Beide Häuser stehen etwas erhöht von der »Straße«. Direkt an der Straße befinden sich die gemauerten Becken eines Thermalbades. Hier gibt es also auch heißes Wasser, das aus der Erde kommt.

Es ist schon fast dunkel, als wir ankommen und saukalt. In mehreren Zimmern der Herberge stehen viele einzelne schwere Betten, keine Stockbetten. Die Familie bezieht ein Zimmer mit vier Betten, Samuel und ich das Nachbarzimmer, in welchem auch vier Betten stehen. Zum Abendessen serviert uns eine junge indigene Frau Suppe und danach Spaghetti. Im Hintergrund hält sich eine ältere indigene Frau mit klassischem weitem Rock und langen geflochtenen Zöpfen auf.

Ich habe eigentlich gar keinen Hunger und esse nur etwas von der Suppe, die mir nicht einmal schmeckt. Zu spät fällt mir auf, dass sie mich sehr an die Suppe erinnert, die ich mit schlimmen Folgen in Sucre gegessen hatte; das gleiche Bindemittel. Bezüglich der Spaghetti gibt es wieder die übliche Diskussion zwischen Lucas und seinen Eltern. Am Ende verschlingt er doch eine riesengroße Portion.

Eigentlich bin ich todmüde und möchte mich gleich hinlegen. Aber nein, Sterne gucken ist angesagt und danach noch ins warme Wasser des Schwimmbads. Da klinke ich mich gleich aus. Ich brauche kein warmes Wasser im Becken, nachdem ich im natürlich warmen See des »Ojo del Inca« gebadet habe. Aber Sterne schauen in dieser Höhe und der klaren Luft lasse ich mir dann doch nicht entgehen.

Der Sternenhimmel ist wirklich einmalig in dieser Höhe. So völlig ohne Streulicht können wir direkt in die Milchstraße hineinschauen. Ein breites Band, Stern an Stern, daneben nur vereinzelt Sterne. Irgendwie wirkt es auf mich wie ein riesengroßes Glitzerband.

Wir fahren zu einer Stelle, die wohl der ideale Fotoplatz ist. Als Erstes ist das Gruppenfoto dran. Luis macht die Fotos mit Langzeitbelichtung. Wir müssen 30 Sekunden regungslos stehen. Mach das mal, wenn du vor Kälte einfach nur zittern möchtest. Das so entstandene Foto ist es aber wirklich wert, eine halbe Minute das Zittern unterdrückt zu haben. Die Personen stehen im Vordergrund und die Milchstraße erhebt sich hinter den Menschen.

Danach Einzelfotos. Ich verzichte darauf, in der Hoffnung dadurch etwas schneller aus der Kälte raus und ins Bett zu kommen. Außerdem habe ich verstärkt Blähungen.

Die brasilianische Familie wird an den Thermalbecken abgesetzt, Samuel und ich fahren zurück zur Herberge.

Als ich endlich im Bett liege und der Körper sich etwas entspannt, fordern die Blähungen ihren Weg nach draußen. Ich bin zwar mit Samuel im Zimmer, aber es ist mir unmöglich darauf Rücksicht zu nehmen, ich muss einfach unter der Bettdecke Luft ablassen. Es ist mir in diesem Moment egal was er denkt. Ich werde ihn wahrscheinlich sowieso nach dieser Reise nie mehr wieder sehen. Und soll er doch in seinem Heimatort erzählen, dass die Deutschen im Bett furzen.

Ich entwinde also mein System so, wie es eingefordert wird. Aber mir ist immer noch kalt im Bett und ich habe kalte Füße. Mit kalten Füßen kann ich nicht einschlafen. In Deutschland nicht und hier schon gar nicht. Meine Wärmflasche habe ich auf der ganzen Reise dabei, die werde ich jetzt einsetzen müssen. Mal sehen, ob es in der Küche einen Wasserkocher gibt. (Wie naiv kann man eigentlich sein, zu vermuten, dass es auf dieser Höhe für diese beiden Häuser eine Stromversorgung gibt.)

Als ich die gefühlt fünf schweren Lamadecken anhebe, um aus dem Bett zu steigen, kann ich das Ergebnis meiner Entlüftung riechen.

In dem Saal, in dem wir gegessen hatten, ist niemand mehr. Ich rufe »Hola!«, aber keine Reaktion. Die Tür zu einem angrenzenden Raum steht offen und in diesem Raum brennt eine Glühbirne. Es gibt also doch Strom hier oben, wahrscheinlich durch einen Generator erzeugt. Ich betrete diesen Raum. Da stehen Teller und Tassen und alles wirkt sehr unordentlich und schmuddelig. Aus diesen Tassen haben wir getrunken und von diesen Tellern gegessen. Ich bin wirklich nicht empfindlich was Hygiene angeht. Wäre ich das, könnte ich solche Reisen, die ich mache, nicht unternehmen. Doch in diesem Moment wäre es mir lieber gewesen, ich hätte es nicht gesehen. Neben diesem kleinen Räumchen gibt es noch ein weiteres Zimmer, das von dem Licht des Raumes, in dem ich stehe, etwas ausgeleuchtet wird. An zwei gegenüberliegenden Wänden steht jeweils ein Bett. Vor jedem Bett lehnen große Autoreifen auf Felgen. In dem ganzen Zimmer liegen Ersatzteile von Autos herum und es riecht wie in einer Autowerkstatt. Neben Autoteilen liegen auch noch viele andere Sachen wild durcheinander. Der ganze Raum ist ein einziges Chaos und Durcheinander. Die Betten sehen aber so aus, als würden sie benutzt.

Ich gehe wieder in den Speisesaal und rufe noch einmal ganz laut: »Hola«. Eine Schiebetür öffnet sich und die ältere Indigene schaut heraus. »Ob ich etwas heißes

Wasser bekommen könnte?« frage ich sie und zeige ihr meine Wärmflasche. Sie holt einen großen Wasserkessel und füllt meine Wärmflasche damit. Das Wasser ist nicht mehr ganz heiß, aber wenigstens habe ich jetzt etwas mehr Chancen, meine Füße zu wärmen.

Zurück im Bett friere ich immer noch, obwohl ich die Wärmflasche jetzt an den Füßen habe. Und die Entlüftung geht auch weiter. Der arme kleine Brasilianer tut mir echt leid. Er gibt keinen Mucks von sich. Ob er wohl wirklich schläft? Er ist mit seiner Tagesgarderobe ins Bett gegangen: T-Shirt, Joggingjacke und Jeans. Ich trage Unterhemd, Langarm T-Shirt, dicken Wollpullover und darüber meine Surferjacke – und friere.

Dann muss ich auf Toilette. Vollständige Darmentleerung. Zum Glück habe ich Toilettenpapier gesammelt auf der Fahrt, denn hier gibt es keins. Zurück im Zimmer kommt mir eine Gaswolke meiner Problematik entgegen. Mir dreht sich der Magen um und ich muss würgen, so stinkt es. Der arme Samuel, hoffentlich schläft er. Ich versuche trotz der Kälte ein Fenster zu öffnen, aber es geht nicht. So lasse ich die Tür zum Flur etwas offen, man kann sie ohnehin nicht abschließen. Der Flur hat an einer Seite keine Mauer und öffnet sich zum Tal hin. Für Frischluft sollte also so gesorgt sein. Schließlich möchte ich keinen brasilianischen Elektriker mit meinen Ausdünstungen vergasen.

Nachdem ich wieder im Bett liege, fängt mein Herz an zu rasen. So etwas habe ich noch nie erlebt. Dadurch, dass das Herz rast, bekomme ich Panik und steigere mich noch mehr hinein. Ich habe jetzt richtig Angst zu sterben, so ganz alleine, weit weg von meiner Familie. Gedanken wie: »Würden meine Kinder informiert werden, wenn ich jetzt hier sterbe?«, gehen mir durch den Kopf. »Ich habe ja meinen Reisepass dabei, da würde es schon über die deutsche Botschaft geregelt werden.« Ehrlich gesagt beruhigt mich das etwas, doch das Herzrasen geht weiter und die Angst zu sterben auch.

Dann erinnere ich mich an eine Technik, die ich mal gelernt hatte und fange an von 10 nach 1 runter zu zählen, ganz langsam und bewusst. Das hilft, ich werde ruhiger. Als ich wieder im Gleichgewicht bin, stelle ich mir ernsthaft die Frage, warum ich mir das eigentlich antue. Warum bin ich hier in den Hochanden, auf fast 5000 Meter in einer schäbigen Herberge ohne Heizung bei Außentemperatur von minus 5 Grad? Warum bin ich nicht in Deutschland, gehe mit Freunden aus, spiele mit meinen Enkelkindern oder fahre gemütlich Fahrrad? Warum brauche ich immer wieder neue Abenteuer? Zugegeben, so hart wie hier hat es mich bisher nirgends getroffen. Das meiste, was ich bisher unternommen hatte, war überwiegend schön und vieles habe ich auch schon wieder vergessen. Diese Nacht in den Anden werde ich aber für den Rest meines Lebens nicht mehr vergessen!

Ich muss während der Nacht noch zweimal aufstehen, um auf Toilette zu gehen, mein Darm ruft nach Entleerung. Glücklicherweise fühle ich mich nicht so krank und schwach wie beim letzten Mal in Sucre. Irgendwann muss ich wohl doch eingeschlafen sein, denn es ist bereits fünf Uhr morgens, als ich erwache, weil mein Darm mich wieder auffordert auf Toilette zu gehen. Meine Vorräte an Toilettenpapier sind aber nun aufgebraucht. Ich sehe allerdings Licht im Speisesaal und höre Stimmen. So gehe ich dort hin. Die kräftige Indigene sitzt in der angrenzenden Küche zusammen mit der jungen Frau und sie schälen Karotten. Ich bitte sie um Toilettenpapier.

»Fünf Bolivianos«, ist die Antwort. Das macht mich wütend. Ich zahle keine fünf Bolivianos in einem »Hotel«, wo ich übernachte. Ich erwidere nur:

»Fünf Bolivianos? NO!« und gehe verärgert von dannen. Auf dem Weg zum Zimmer fällt mir ein, dass ich ja einen Waschlappen dabei habe und Plastikbeutel auch. Damit kann ich mich behelfen.

Beim Frühstück kommt die indigene Frau mit den langen Zöpfen auf mich zu und fragt, ob mir kalt ist.

»Ja«, sage ich. Sie nimmt meine beiden Hände und streichelt sie. Ihre Hände haben übrigens die gleiche etwas unterkühlte Temperatur wie meine. In diesem Moment kann ich nachvollziehen, welch hartes Leben die Menschen hier oben führen. Ich kann heute wieder verschwinden in wärmere Gegenden, mit dem Luxus von Dusche und Heizung. Sie lebt immer hier.

»Das Leben ist wohl ganz schön hart hier oben«, sage ich zu ihr.

»Ja, sehr hart«, entgegnet sie und ich spüre so etwas wie eine Verbindung zwischen uns aufkommen. Damit ist der Anflug von Feindschaft, der zwischen uns entstanden war, verflogen. Meine Darmbeschwerden sind übrigens auch weg, aber da sehe ich keinen Zusammenhang. Oder doch? Hat sie mit dem Streicheln meiner Hände mehr bewirkt als nur meine Hände gestreichelt? Für ausgeschlossen halte ich es nicht, dass diese Menschen über schamanische Heilkräfte verfügen. Und warum ist sie so zielstrebig auf mich zu gekommen, obwohl ich in ihren Augen doch frech zu ihr war. Hat sie bemerkt dass es mir nicht gut geht? Fakt ist, dass nach dieser Begegnung meine Blähungen verschwunden sind und ich sogar ganz normal frühstücken kann.

Die Menschen, die in dieser Höhe leben, führen ein für uns unvorstellbares Leben. Hunderte von Kilometern von der nächsten Stadt entfernt, sind sie zu 100 Prozent auf die Versorgung von außen angewiesen. Jede Karotte und jede Kartoffel muss bestellt und angeliefert werden. Luis erzählt mir, dass die Tourenfahrer ihnen die bestellten Sachen mit bringen. Das erfordert natürlich sehr viel Planung und Organisation, denn sie haben ja auch Gäste zu bewirten. Das ganze Jahr über ist es kalt, manchmal auch stürmisch und regnerisch. Internet gibt es auf dieser Höhe nicht. Meine Reise ist im Februar, der eher zu den warmen Monaten des Jahres gehört, so wie bei uns der September. Wie mag es im Juli aussehen, wenn Winter ist? Kommen dann überhaupt Touristen? All dies habe ich vergessen zu fragen.

Sogar Luis hat in dieser Nacht gefroren. Von ihm erfahre ich, dass es minus fünf Grad waren in der vergangenen Nacht. Warum gibt es eigentlich keine Heizung hier? Heißes Wasser kommt doch aus der Erde. Damit werden die beiden Schwimmbecken gefüllt, die nur wenige Meter von der Herberge entfernt sind. Es kann doch nicht so schwer sein, ein paar Rohrleitungen oder auch nur Schläuche in das Gebäude zu leiten und damit die Räume zu heizen. Warum ist noch keiner auf diese Idee gekommen?

Erst jetzt erfahre ich, dass wir die brasilianische Familie zur chilenischen Grenze bringen, von wo sie nach San Pedro de Atacama weiter fahren werden. Und damit wird mir auch klar, dass ich bei meiner Buchung zu einer bereits bestehenden Gruppe hinzugesetzt wurde, weil dort eben gerade noch ein Platz frei gewesen war. Der ganze Tourenverlauf war eigentlich für die brasilianische Familie geplant und ich kam eben noch dazu. Das war mir bei meiner Buchung nicht gesagt worden.

Luis erklärt uns, dass wir kilometermäßig jetzt ungefähr die Hälfte der Strecke hinter uns haben. Den restlichen Tag werden wir damit beschäftigt sein, nach Uyuni zurück zu fahren. Na toll, so hatte ich es mir eigentlich nicht vorgestellt, aber ändern kann ich jetzt nichts mehr.

An der chilenischen Grenze steht schon eine lange Schlange vor dem Migrationsbüro. In der Schlange sehe ich ein deutsches Ehepaar, dem ich an einer der Lagunen begegnet war und mit dem ich mich lange und nett unterhalten hatte. Auch eine andere deutsche Person mit der ich am Vortag gesprochen hatte entdecke ich, aber alle drei ignorieren mich. Nicht ein Gruß, nichts.

Als die Formalitäten der Brasilianer an der Grenze erledigt sind heißt es Abschied nehmen. Alle, aber ganz besonders Juliana, verabschieden sich sehr herzlich von mir. Juliana schenkt mir noch einen kleinen Stein und sagt, dass alle Elemente dieser Erde in diesem Stein enthalten seien. Ich hebe ihn gut auf und er wird in meine Kiste mit der Aufschrift »Memories« wandern. Nun sind nur noch Samuel und ich auf der Tour.

Ob wir denn heute gar nichts mehr zu sehen bekämen außer der Rückfahrt, frage ich Luis. Ich merke, dass er schon versteht, was ich meine. Die Sache mit dem Sonnenaufgang, den ich extra bezahlen musste (Samuel hatte übrigens den gleichen Betrag bezahlt wie ich und bei ihm war der Sonnenaufgang inklusive) und dass ich überhaupt bis hierher, ans Ende der Welt, fahren musste, all das empfinde ich in diesem Moment etwas grenzwertig. Wahrscheinlich bin ich aber einfach nur schlecht gelaunt. Außerdem fühle ich mich nicht so gut, was nach der vergangenen Nacht und dem wenigen Schlaf auch nicht verwunderlich ist. Luis spürt, dass ich kurz davor bin etwas Stress zu machen, was ja auch stimmt.

»Doch, eine Sache zeige ich euch noch«, erwidert er nach kurzem Zögern. Im Nachhinein bin ich sehr froh, etwas gemault zu haben, denn das, was wir dann an diesem Tag noch zu sehen bekommen, ist den Ansatz von Unstimmigkeit in jedem Fall wert.

Aber erst einmal geht es durch kahle Felsenlandschaft. Hier oben wächst nichts mehr, so dass es auch keine Lamas gibt. Wir fahren stetig bergab. Irgendwann verändert sich die Landschaft und es wachsen wieder kleine buschartige Gewächse. Auf diesem Höhenniveau hilft Luis einem anderen Geländewagen, der liegen geblieben ist. Dies dauert einige Zeit, so dass ich wieder Gelegenheit habe, einen kleinen Spaziergang zu machen. Das Besondere an dieser Vegetation ist, dass zwischen den einzelnen kleinen Grasbüschen gelegentlich klitzekleine Blümchen zu entdecken sind. Es fährt mir regelrecht als Freude durchs Herz, mitten in dieser kargen, öden Landschaft diese kleinen Blümchen zu sehen. Eine drei Millimeter große Blüte in einer so trostlosen Landschaft zu sehen, bereitet mehr Freude als ein teurer Blumenstrauß aus einem Blumengeschäft.

Luis schafft es wirklich, das andere Fahrzeug wieder zum Laufen zu bringen und unsere Fahrt geht weiter. Ich sitze jetzt vorne und habe damit noch bessere Sicht

Nach endloser Fahrt durch die braune Einöde gelangen wir an eine Art Bachlauf, der ganz und gar mit Moos bedeckt ist. Auf dem Moos stehen sehr viele grasende Lamas. Das Grün des Bachlaufs wirkt wunderbar erfrischend auf meine Augen, nachdem wir einen halben Tag durch braunes Gestein und Einöde gefahren sind. Nicht mehr lange und wir kommen in einen Ort namens Villa Mar. Vielleicht weil ich während der letzten 24 Stunden ausschließlich braune Gesteinslandschaft zu sehen bekam, finde ich diesen Ort am Moosbach bezaubernd und bewundernswert. In diesem Ort gibt es dann auch Mittagessen. Wir bekommen eine köstliche Mahlzeit serviert: gedünstetes Gemüse, Salat, Quinoa und eine Dose Tunfisch. Außerdem stellt die Gastgeberin noch je eine Flasche Wasser und Coca Cola auf den Tisch. Den Tunfisch mögen wir beide nicht. Das kann Luis gar nicht verstehen. Vermutlich ist Thunfisch eine ganz besondere Leckerei in Bolivien, die es nicht so oft gibt. Er fragt, ob er sie nehmen darf, wogegen wir natürlich nichts einzuwenden haben.

Vor dem Essen gehe ich ein wenig entlang des Baches spazieren. An einer Stelle ist ein junges weißes Lama an einen Pflock angebunden. Zwei Franzosen sind dabei und streicheln es. Ich gehe dazu und streichele es auch ein wenig. Schön, so ein Tier anzufassen. Ob das Lama das auch so toll findet?

Die Fahrt geht weiter. Nach weiteren Stunden biegt Luis von dem Weg ab.

»Ich habe euch doch versprochen, dass ich euch noch etwas zeige«, meint er.

Wir halten auf einem Platz, wo schon einige Landrover stehen. Er klettert mit uns einen felsigen Weg nach oben und von dort aus haben wir Aussicht auf das wunderschönste Tal, das ich jemals gesehen habe. Rechts und links schroffe Felsen, ein kleiner See im Vordergrund und dahinter eine grüne Wiese, auf der unzählig viele Lamas grasen. Das Ganze vermittelt mir ein Gefühl des vollkommenen Friedens.

Luis geht zurück zum Auto und Samuel und ich steigen hinunter zum See. Wir können sehr nahe an die Lamas heran kommen. Sie grasen friedlich weiter. Doch anfassen möchten sich die Tiere nicht lassen.

Sehr beglückt von diesem Erlebnis, gehen wir zum Auto zurück und die Fahrt geht weiter. Irgendwann kommen wir dann auch auf eine befestigte Straße und danach sogar auf Asphalt. Wow, das ist ein Unterschied zwischen »rüttel, rüttel« und ganz normaler Fahrt auf einer Asphaltstraße.

Luis telefoniert während der Fahrt mit seiner 6-jährigen Tochter. Er spricht so liebevoll mit ihr, erklärt ihr, dass er doch nicht so früh nach Hause kommen kann, weil wir an einer Baustelle ewig auf die Weiterfahrt warten müssen, was auch stimmt. Das Gespräch endet, wie immer wenn Eltern in Südamerika mit ihren Kindern telefonieren, mit dem Satz: »te quiero mucho« (ich habe dich ganz arg lieb). Diesen Satz habe ich – und ich vermute die allermeisten Menschen meiner Generation – während meiner Kindheit nie zu hören bekommen. Die Generation unserer Eltern ist natürlich auch nicht mit derart liebevollen Redewendungen aufgewachsen und ich muss gestehen, dass ich meine Kinder mit so einem Satz wie »Ich hab dich lieb«, auch nicht überhäuft habe. Hier in Südamerika ist es Standard, den Kindern immer wieder zu sagen, dass man sie liebt. Ich spüre hier eine andere Qualität als das amerikanische »I love you«, welches inflationär die Sprache überschwemmt. So wie jetzt Luis diesen Satz seiner Tochter gegenüber ausspricht, hört es sich authentisch an und nicht wie eine leere Floskel.

Nachdem ich dieses Gespräch mit angehört habe, beschließe ich ihm doch ein großzügiges Trinkgeld zu geben. Ursprünglich hatte ich mein Trinkgeld wegen der Geschichte mit dem Sonnenaufgang knapp halten wollen, doch mir wird immer deutlicher bewusst, wie privilegiert ich doch bin, so eine Reise überhaupt unternehmen zu können. Da möchte ich die Menschen, die dazu beitragen, mir meine Erlebnisse zu ermöglichen, nicht mit Knausrigkeit belohnen. Für Luis ist die ganze Tour schließlich auch sehr anstrengend. Später beglückwünsche ich mich zu dieser Entscheidung, denn er freut sich ernsthaft über das Trinkgeld, das ich ihm gebe.

UYUNI

Ursprünglich hatte ich geplant, am selben Abend noch einen Nachtbus nach La Paz zu nehmen. Doch als wir in Uyuni ankommen, fühle ich mich sehr müde und entscheide, doch eine Nacht in einem Hostel zu bleiben. Auch Samuel entscheidet sich dafür und so landen wir im gleichen Hostel, wieder im gleichen Zimmer.

Dieses Hostel ist wieder mal eines der besseren Art. Ich nehme eine schöne warme Dusche und falle todmüde ins Bett. Nicht mal Hunger verspüre ich mehr. Endlich mal wieder eine Nacht gut schlafen können. Den nächsten Tag verbringe ich im Hostel, lasse meine Kleider waschen und schaue mir ein bisschen Uyuni an. Ich muss sagen, dass die Aussagen der Reisenden, die ich gesprochen hatte, stimmen, Uyuni ist wirklich nicht schön. Aber ich bekomme meine Kleider, die ich am Vormittag in die Wäscherei bringe, am Abend gewaschen und sorgfältig gefaltet zurück und das für sehr wenig Geld.

Das Hostel hat eine gemütliche Terrasse. Dort sitze ich die meiste Zeit des Tages und schreibe meine Eindrücke der vergangenen Tage auf. Abends gehe ich mit Samuel essen. Das ist das erste Mal, dass ich mich mit ihm wirklich unterhalte. Auf der gesamten Tour war er äußerst schweigsam gewesen und strahlte sehr wenig Selbstbewusstsein aus. Ich überlege, ob ich ihn auf seine

Nasenhaare ansprechen soll, die circa 2 bis 3 Millimeter aus seiner Nase heraus wachsen. Ich empfinde es etwas irritierend, wenn man ihm zum ersten Mal begegnet. Letztlich entscheide ich mich dagegen.

Der Abschied von Samuel ist weit weniger herzlich als der von der brasilianischen Familie. Komisch, eigentlich haben wir doch die letzten vier Tage miteinander verbracht. Er erzählt mir etwas von seiner Familie, aber eigentlich läuft das Gespräch eher so ab, dass ich ihm Fragen stelle und er antwortet.

Zu meiner Überraschung sucht Samuel ein recht nobles Lokal aus und wir bestellen ein Gericht aus Lamafleisch. Bisher hatte ich gedacht, Lamas würden ausschließlich wegen der Wolle gezüchtet, doch jetzt lerne ich, dass sie auch als vorzüglicher Fleischlieferant dienen. Das Fleisch schmeckt köstlich. Ich esse mit gemischten Gefühlen. Eigentlich sind Lamas ja für mich so etwas wie die Tiere meiner Bestimmung, bilde ich mir ein, denn schließlich hat mich das Lama aus dem Traum meiner Kindheit überhaupt erst nach Südamerika gelockt. Andererseits kann ich es mir dadurch schönreden, dass ich mich mit dem Lama erst richtig verbinde, wenn ich es in mir aufnehme. In einigen Naturvölkern wird das ja so gehandhabt. Wie man sieht, lässt sich auch esoterisches Gedankengut in die eine Richtung genau so biegen wie in die andere. Und letztlich ist es am Ende wahrscheinlich sowieso egal und alles passiert ausschließlich in unserem Kopf durch unsere Gedanken.

Das erste Lama, dem ich in Südamerika begegnet war, hat mich gebissen. Das war vor circa zehn Jahren, auf meiner Reise durch Ecuador. Und hier in Bolivien laufen mir auch keine Lamas hinterher, weil sie mich als ihre ›Schwester im Geiste‹ empfinden. Fazit: ich kann keineswegs behaupten, dass Lamas eine besondere Affinität zu mir hätten und dieses Lamafleisch welches jetzt auf meinem Teller liegt schmeckt einfach köstlich. Ich esse es, ohne schlechtes Gewissen zu haben.

Wie sinnvoll oder schädlich es ist überhaupt Fleisch zu essen ist eine Diskussion, auf die ich mich gerne einlasse. Als ehemalige Vegetarierin esse ich zwar jetzt gelegentlich Fleisch, kann aber die Gegner des Fleischessens sehr gut verstehen. In Südamerika wird sehr viel Fleisch gegessen. In Restaurants gibt es fast nur Fleischgerichte auf der Karte. Da hat man es als Vegetarier gar nicht einfach, vor allem, wenn man auf Reisen ist. Trotzdem habe ich auf meiner Reise einige Menschen getroffen, die es geschafft haben auch während ihrer Reise völlig auf Fleisch zu verzichten.

Ich beschließe am nächsten Tag nach Oruro zu fahren, dort eine Nacht zu bleiben und dann weiter nach La Paz. Samuel nimmt den Nachtbus, aber ich möchte lieber tagsüber reisen und die Landschaft sehen. Wenn ich gewusst hätte, wie öde und wenig abwechslungsreich die Landschaft ist und wie schäbig die Unterkunft, die ich mir in Oruro ausgesucht habe, dann wäre ich allerdings lieber mit Samuel und dem Nachtbus direkt nach La Paz gefahren.

ORURO

Um von Uyuni nach Oruro zu kommen, fährt man stundenlang durch eine Hochebene. Rechts Berge, links Berge und in der Mitte die Ebene. Wenigstens gibt es hier wieder Felder mit Quinoa, manchmal sogar Kartoffeln oder Mais. Viele, viele Lamas und gelegentlich sogar ein paar Kühe. Ich beobachte indigene Frauen, wie sie mit ihren bunten Kleidern über die Felder laufen. Sind sie nahe an der Straße, fallen mir ihre zierlichen Schuhe auf. Die Fahrt ist eher langweilig. Jetzt hätte ich mir einen gesprächigen Sitznachbarn gewünscht, aber der Platz neben mir bleibt frei.

An die Unterkunft in Oruro möchte ich mich am liebsten gar nicht erinnern. Wenigstens das Bett war sauber und bequem. Es fängt schon damit an, dass das »Hostel« gar nicht zu finden ist. Der Taxifahrer gibt sich alle Mühe, mir zu helfen. Die Kreuzung, wo es sich befindet, fahren wir mehrfach an, aber kein Schild, welches ein Hostel anzeigt. Letztlich spricht mich ein Mann an, der mich wohl beobachtet haben muss. Als ich ihm sage was ich suche, zeigt er auf die Eingangstür eines Hauses. Ich glaube es nicht, denn es ist eine ganz normale Tür. Trotzdem klopfe ich und bekomme von einem Mann geöffnet, der mich offensichtlich erwartet hat. Ich stehe in einem schmalen, dunklen Flur. Er öffnet eine der beiden Türen, welche linkerhand in diesem Flur sind und zeigt mir das Zimmer. In diesem steht ein breites Bett, mit schöner, freundlicher Tagesdecke und ein Stuhl. Das wars. Schlicht aber nicht schlecht. Den Rest des Anwesens sollte man sehr schnell vergessen. Der schmale Eingangsflur öffnet sich zu einer Art Atrium in dem sich ein schäbiges versifftes Spülbecken befindet. Außerdem gibt es in diesem Lichthof noch eine weitere Tür, die wie die Eingangstür zum Hinterhaus aussieht. Das »Bad« ist ein kleiner Raum auf der anderen Seite des dunklen Flures. Toilette, Dusche, Waschbecken, alles da. Die Toilette und das Waschbecken sehen einigermaßen sauber aus, die Elektrodusche werde ich sowieso nicht benutzen. Wenn das Ganze jetzt ein super billiges Angebot gewesen wäre, hätte ich ja nichts gesagt, aber das war es nicht einmal. Ganz normaler Preis von circa 12 Euro die Übernachtung, so wie in den guten Hostels, in denen ich schon übernachtet hatte auch.

Nachdem der Mann mir die Örtlichkeiten gezeigt hat kommt es zu einer, wie ich finde, lustigen Begebenheit. Er sagt zu mir: »Puedes cancellar?«, was für mich in der Übersetzung so viel heißt wie: »Möchtest du stornieren?«, denn das Verb »cancellar« kenne ich bisher nur in der Bedeutung von »stornieren«. Dass es auch die Bedeutung »Rechnung begleichen« hat, lerne ich bei dieser Gelegenheit. Da ich es aber an dieser Stelle noch nicht weiß, beginnt eine lange Diskussion zwischen uns. Ich war davon ausgegangen, dass er mich auffordert, die Buchung zu stornieren, damit er sich die Gebühr an Booking.com sparen kann und darauf habe ich dieses Mal keine Lust. Wenn ich jetzt so darüber nachdenke, hätte ich wirklich gehen und mir eine andere Bleibe suchen sollen, doch diese Idee kommt mir in diesem Moment gar nicht.

»Nein, ich möchte nicht »cancellar«, ich habe es gebucht und möchte nicht stornieren«, sage ich ihm immer wieder.

Und er wiederholt immer wieder: »Tienes que cancellar« (du musst bezahlen), was ich wiederum verstehe als »du musst stornieren«.

So geht es eine ganze Weile hin und her. Er ruft eine Person an, wahrscheinlich den Besitzer oder Verwalter der »Anlage« und bleibt bei der Aufforderung: »Tienes que cancellar!« Langsam dämmert es mir, dass er etwas anderes meinen könnte.

»Quieres que pague?«, frage ich (möchtest du, dass ich bezahle?) Sichtlich erleichtert bejaht er dies; er hatte ja die ganze Zeit verstanden: »Ich möchte nicht bezahlen.«

Eine einzige Wortänderung seinerseits, nämlich »pagar«(bezahlen) anstelle von »cancellar«, hätte die Situation sehr schnell aufgelöst, aber auf die Idee, dass ich als Ausländerin vielleicht ein Wort nicht kenne und er es mit einem anderen Wort probieren könnte, ist er gar nicht gekommen.

Diese mangelnde Sensibilität gegenüber möglichen fehlenden Fremdsprachenkenntnissen von Ausländern habe ich in Südamerika schon sehr häufig erlebt. Vor allem aus Paraguay kenne ich ähnliche Situationen von Banken, Telefongesellschaften oder Cooperativas. Man signalisiert, dass man das eben Gesagte nicht verstanden hat und bittet um Wiederholung. Anstatt, dass sich der Angestellte dann etwas Mühe gibt, vielleicht etwas langsamer spricht oder andere Worte benutzt, wird das Gleiche immer wieder wiederholt, mit der gleichen Wortwahl und unverminderter Geschwindigkeit. Beim dritten Mal ist dann sowohl der oder die Angestelle der Bank, Cooperativa oder Telefongesellschaft als auch ich genervt.

Jedenfalls nimmt der Mann erleichtert das Geld, gibt mir die Schlüssel und verschwindet. Ich bleibe ganz alleine in diesem Verlies zurück. Es gibt weder andere Gäste noch sonst eine Menschenseele.

Jetzt verspüre ich Hunger. Bevor ich die Haustür zuziehe überprüfe ich, ob der Schlüssel auch wirklich passt und ich sie wieder aufschließen kann. Auf der Suche nach etwas zu Essen muss ich feststellen, dass meine tolle Unterkunft auch noch recht weit außerhalb gelegen ist und in einer ärmlichen Gegend. An der Straße werden Gemüse und Kartoffeln angeboten. Es sind keine Marktstände, sondern die Lebensmittel sind einfach auf einem Tuch auf die Straße gelegt. Kartoffeln gibt es auch hier wieder in vielen Varianten und in großen Mengen. Kundschaft sehe ich nicht, außer einem Mann mit einem Lieferwagen, der gleich mehrere Säcke Kartoffeln einlädt. Ich passe sehr gut auf, welchen Weg ich laufe, schieße Fotos von jeder Kreuzung an der ich die Richtung ändere und merke mir, durch welche Straßen ich gelaufen bin. Ich habe Bedenken, die Unterkunft nicht mehr zu finden.

Auf meiner Suche nach Essen gerate ich tatsächlich schon wieder in einen Karnevalsumzug. Offenbar handelt es sich um eine Parade von Transvestiten, denn dort tanzen hauptsächlich Männer mit Perücken und in Kleidern. In ihre Kleider haben sie sich riesige Luftballons gesteckt als Busen und einige haben auch noch Luftballons am Hintern platziert. Von den Zuschauern an der Straße werden sie genauso gefeiert, mit Schaum besprüht und mit Wasserbomben beworfen, wie ich das von den Karnevalsumzügen aus Sucre schon kenne. Bolivien scheint mit dem Thema Gender wenig Probleme zu haben. Ich habe später in Cochabamba ein paar Transvestiten mit ebenso großen Luftballons an den entsprechenden Körperstellen gesehen. Sie liefen über den Markt und hatten dabei viel Freude. Auch die Umstehenden lachten mit und hatten ihren Spaß. Auf mich wirkte die Situation natürlich und entspannt, während ich persönlich die aktuellen Genderprogramme in Deutschland als zwanghaft und kontraproduktiv empfinde. Ich glaube nicht, dass die aktuelle Politik betroffenen Menschen hilft, sondern denke ganz im Gegenteil, dass die Differenzen zwischen Menschen unterschiedlicher sexueller Vorlieben dadurch auf gar nicht mehr zeitgemäße Art betont und Antipathien geschürt werden. Für mich haben bisher Transpersönlichkeiten selbstverständlich zur Gesellschaft gehört, ebenso wie Homosexuelle. Erst die Genderdebatte hat für mich ein besonderes und letztlich abspaltendes Augenmerk auf sie gelenkt und eine Randgruppe geschaffen, die in meiner Wahrnehmung zuvor längst überwunden gewesen war.

In Paraguay möchte die EU erzwingen, dass in den Schulen ein Genderprogramm etabliert wird. Daran hat die EU Hilfsgelder und Kreditzusagen geknüpft, die Paraguay im Moment nicht bekommt, weil Eltern, Lehrer und Schüler ganz massiv dagegen auf die Straße gegangen sind. Ich bin einmal in so eine Demonstration mit dem Auto hineingeraten. Da hatten Eltern eine große Kreuzung blockiert. Ich habe noch nie eine so vermittelnde Polizei erlebt. Sie »räumte« die Kreuzung für einige Zeit, erlaubte den Demonstranten dann aber wieder, sie erneut zu blockieren. Auch Polizisten sind Eltern. Welche Veranlassung hat die EU überhaupt, in das Schulsystem von Paraguay einzugreifen? Was verspricht sie sich davon, dass ein kleines Entwicklungsland wie Paraguay plötzlich in den Schulen Genderstudien betreibt? Und warum Paraguay und nicht viel eher ein genderpolitisch wesentlich rückständigeres Land wie etwa Saudi-Arabien?

Doch zurück zum Karneval. Oruro ist in Bolivien die Hochburg des Karnevals. Am Karnevalswochenende kommen Trachtengruppen aus dem ganzen Land nach Oruro und ziehen tanzend durch die Straßen. Außerdem ist der Karneval von Oruro ein Magnet für Touristen aus der ganzen Welt. An jenem Wochenende verfünffachen sich dort die Preise für eine Unterkunft. Am Beginn meiner Reise in Sucre hatte mir Autumn ganz stolz erzählt, dass sie noch eine Unterkunft in Oruro zu einem halbwegs vernünftigen Preis ergattert hatte und wie sehr sie sich darauf freue, den großen Umzug miterleben zu dürfen. Ein deutsches Ehepaar mit dem ich auf meiner Tour durch die Anden gesprochen hatte, berichtete mir, dass sie sogar einen Tribünenplatz ergattert hatten. »Selbst nach acht Stunden war es immer noch nicht langweilig, den Zug anzuschauen«, erzählte mir die Frau. Nun ja, dieses Ereignis hatte ich verpasst, aber so ganz scharf bin ich eigentlich auch nicht darauf. Seit meiner Kindheit habe ich eigentlich eine Aversion gegen Umzüge.

Übrigens bin ich später im weitern Verlauf meiner Reise dann tatsächlich auch noch ganz umsonst in den Genuss von einem Karnevalsumzug mit Trachtengruppen gekommen.

Ich finde ein Lokal und bestelle ein Almuerzo. Obwohl es schon später Nachmittag ist, bekomme ich es noch serviert. Almuerzo ist eine Mahlzeit, die eigentlich um die Mittagszeit serviert wird. Es gibt in den Lokalen in der Regel nur ein Gericht, höchstens zwei zur Auswahl.

Das Almuerzo, besteht oft aus Suppe, Hauptgericht und manchmal sogar noch einem Saft dazu. Diese Mahlzeit wird sehr billig angeboten, mehr als 2 Euro kostet sie nicht. Mein Almuerzo besteht aus einer Suppe, die wirklich sehr lecker ist und auch nicht das Bindemittel enthält, das ich anscheinend nicht vertrage. Danach kommt das Hauptgericht, das ich mir aber vollständig einpacken lasse, weil ich von der Suppe schon satt geworden bin. Dazu gibt es noch ein Glas frisch gepressten Ananas Saft. Für das Ganze zahle ich 12 Bolivianos, also weniger als zwei Euro.

Die junge Frau, die mich bedient, ist sehr lieb und freundlich. Sie möchte wissen, wo ich her komme und ist dann ganz begeistert, dass ich aus Europa bin. Wie gesagt, ich bin in einer recht abgelegenen, armen Gegend gelandet. Da verirren sich wohl nicht so viele Touristen hin.

Als ich wieder nach draußen gehe, ist der Karnevalsumzug immer noch unterwegs. Ich versuche mich so weit wie möglich fern zu halten, um nicht mit Schaum besprüht oder mit Wasserbomben beworfen zu werden. Dies gelingt mir auch.

Offensichtlich befinde ich mich in der Straße der Autozubehörteile, denn in jedem Geschäft werden Autoreifen, Batterien, Ersatzteile für Autos, Stoßstangen und ähnliches angeboten. Dieses Phänomen habe ich in jeder bolivianischen Stadt angetroffen: Es gibt Straßen in denen ein Anwalt neben dem anderen ist, in anderen

Straßen werden Schuhe verkauft –und zwar ausschließlich Schuhe –oder Haushaltsgeräte, Elektrogeräte, etc., und in dieser Straße eben Autozubehör. Ist vielleicht ganz praktisch. Wenn ich einen Kühlschrank brauche, weiß ich, in welchem Stadtteil ich einen kaufen kann und habe die Konkurrenz gleich nebenan zum Vergleichen der Preise.

Trotz den widrigen Umständen bezüglich meiner Unterkunft schlafe ich sehr gut. Das Bett ist sauber, was will ich mehr? Am nächsten Tag nehme ich ein Taxi zum Busbahnhof und werde prompt vom Taxifahrer übers Ohr gehauen, weil er einen viel zu hohen Betrag einfordert. Auch das gehört zu so einer Reise dazu.

LA PAZ

Die Weiterfahrt nach La Paz geht ebenso durch die Hochebene wie am Tag zuvor. Wir erreichen die Stadt in dem höher gelegenen Stadtteil »El Alto«. Von der Stadtgrenz bis zum Busbahnhof von El Alto braucht der Bus fast eine Stunde. Der Verkehr ist unbeschreiblich, dabei sind es nicht einmal private Autos, die die Straßen so verstopfen, sondern hauptsächlich Sammeltaxis. Hinter unserem Bus höre ich eine Sirene, vermutlich die eines Krankenwagens, doch es gibt keinen Zentimeter Platz für ein Auto zum Ausweichen. So muss der Krankenwagen eben hinter uns stehen bleiben.

Nach dem Busterminal von El Alto fahren wir zum Terminal im Zentrum. Das dauert auch noch einmal gut 45 Minuten.

Der erste Eindruck von La Paz beim hinab fahren ins Zentrum, ist einfach gewaltig. Ein Häusermeer, soweit das Auge reicht. Die Hänge sind mit Häusern beklebt und im Hintergrund die gewaltigen schneebedeckten Berge. El Alto liegt auf etwa 3.800 Meter Höhe, der untere Teil etwa 200 Meter tiefer.

Mein Hostel ist ganz in der Nähe des Busterminals. Leider verlasse ich aber mich erst einmal auf Google Maps und laufe in die Irre. Letztendlich steige ich dann in ein Taxi und lasse mich zu der Adresse fahren. Diese Fahrt geht ein Stück durch die engen Gassen der Altstadt und ich bekomme sofort ein gutes Gefühl zu dieser Stadt.

Beim Einchecken erlebe ich wieder die offene Freundlichkeit der Bolivianer. Man spricht mich sofort auf Englisch an, erklärt mir alles und ist für jede meiner Fragen offen. Mein Zimmer ist im 7. Stock.

»Gibt es einen Aufzug?«, frage ich ganz entsetzt, denn bis in den 7. Stock die Treppe hoch zu laufen, habe ich weder Lust noch Lungenkapazität.

»Ja, natürlich«, lacht die Frau an der Rezeption.

Mein Zimmer ist schön groß und hat ein eigenes Bad. Früher muss dies einmal ein Hotel der besseren Art gewesen sein. Der Fußboden mit edlem Parkett belegt, die Decken mit Stuck verziert. Drei Stockbetten stehen im Zimmer, alle sind unbenutzt. Ich bin also im Moment die Einzige hier in diesem Zimmer. Die hintere Front des Raumes ist vollständig aus Glas, so dass man einen traumhaften Blick auf die Stadt hat. Ich bin fasziniert. Dann mache ich mich auf, die Gemeinschaftsräume zu erkunden. Als ich in die Küche komme, wer sitzt dort? Die deutsche Medizinstudentin, mit der ich in Sucre in einem Zimmer gewesen war! Wir waren ja keine Freunde geworden, weil das Coronathema die Deutschen auch auf anderen Kontinenten trennt. Trotzdem unterhalten wir uns ein wenig und sie empfiehlt mir eine Stadtführung, die um 14 Uhr beginnt und sehr interessant sei. Ich google den Namen des Veranstalters, finde den Treffpunkt heraus und lasse mich mit einem Taxi dort hinfahren. Kurz vor 14 Uhr bin ich an dem angegebenen Platz »Plaza San Pedro«. Eine Gruppe von Menschen steht unter einem Baum im Schatten. Ich gehe auf sie zu und werde mit einem freudigen »Hallo«, begrüßt. Ein deutsches junges Pärchen, das ich in Potosí im Hostel kurz getroffen und gesprochen hatte, ist auch in der Gruppe und hat mich sofort wieder erkannt.

Der Stadtführer kommt pünktlich und stellt sich als Christian vor. Ein junger, netter Bolivianer, der sehr gut Englisch spricht. Nach seinen Begrüßungsworten kommt er sofort zur Sache und bittet uns, ihm am Ende der Tour ein gutes Trinkgeld zu geben. Dann beginnt die eigentliche Tour, für die er wirklich ein gutes Trinkgeld verdient hat. Er zeigt auf ein großes Gebäude, welches sich an einer Seite des Platzes über die gesamte Straßenseite erstreckt und erklärt ausführlich die Geschichte dieses Gebäudes. Ursprünglich als Kloster gebaut, ist es heute ein selbstverwaltetes Gefängnis, das berühmte Gefängnis »San Pedro«. Es gibt im Inneren keine Wachen, die Gefangenen regeln alles selbst, wobei es streng nach Hierarchie und Zahlungskraft geht. Ein Politiker, der durch Korruption zu viel Geld gekommen ist oder ein Drogenbaron, der eben mal aufgeflogen ist, kann sich eine Suite mit Dienstpersonal leisten. Sogar die Familie kann in so einem Fall mit einziehen und hat freien Zu- und Ausgang. Jemand, der kein Geld hat, muss dagegen innerhalb der Gefängnismauern arbeiten und in schlimmen Verhältnissen leben, denn selbst seine Gefängniszelle muss man sich mieten. Christian erzählt uns, es gäbe diverse Restaurants, Friseure, Einkaufsläden und vieles mehr, eben alles, was man zum Leben braucht. Aber für alles muss bezahlt werden. Wer keine Decke zum Zudecken und keine Matratze hat, muss auf der blanken Erde schlafen. Irgendwie alles wie im normalen Leben, oder?

Ja und dann erwähnt er noch das Kokainlabor, welches es innerhalb des Komplexes gibt. Das reinste und angeblich beste Kokain auf der ganzen Welt würde dort hergestellt. Da ich nicht zu den Konsumenten gehöre, werde ich es nie nachprüfen können.

Früher gab es auch Führungen für Touristen durch das Gefängnis. Doch nachdem einmal eine Touristin während so einer Führung vergewaltigt wurde, habe man das untersagt. Trotzdem gäbe es immer noch Leute, die Touristen eine Führung durch das Gefängnis anbieten, wovor Christian uns aber eindringlich warnt, denn es ist nicht ausgeschlossen, dass der »Führer« verschwindet und die Touristen einfach im Gefängnis zurücklässt. Ohne anwaltliche Hilfe verbunden mit hohen Kosten kommt man da nicht mehr so einfach raus.

Ein australischer Journalist namens Rusty Young, habe Ende der 90er Jahre einmal über ein Jahr freiwillig in diesem Gefängnis gelebt und danach ein Buch darüber veröffentlicht. »Marching Powder« heißt das Buch. Ich merke mir den Namen, weil ich es eventuell lesen möchte. Ferner erfahren wir noch, dass Coca Cola das Monopol an Getränken in diesem Gefängnis hat.

Danach geht unsere Führung weiter zu einem großen Markt. Christian warnt uns. Wir sollen keinesfalls die Marktfrauen ungefragt fotografieren. Diese »Cholitas« seien sehr abergläubisch und viele möchten nicht fotografiert werden. Sie hätten sich mit faulen Tomaten »bewaffnet«, die sie nach Touristen werfen, die versuchen, sie ungefragt zu fotografieren. Ich nehme diese Warnung ernst und unterlasse es, mein Handy herauszuholen, solange wir über den Markt gehen. Das, was ich hier sehe, ist identisch mit dem, was ich im Markt von Sucre schon gesehen hatte: Marktstände mit einem riesigen Angebot an Gemüse und Obst. Aus dem schlecht bestückten Paraguay kommend, ist dies für mich jedes Mal wieder eine Augenweide.

»Cholitas« nennt man indigene Frauen, die fünf Unterröcke übereinander tragen und erst darüber den eigentlichen Rock, damit ihre Hüften breit wirken. Da sie sowieso nicht schlank sind, nehmen sie ganz schön viel Platz ein, wenn man ihnen auf der Straße begegnet.

Christian erklärt uns, dass die heutige Tracht der Cholitas auf einer Kleiderordnung beruhe, welche die Spanier während der Kolonialzeit verhängt hatten. Ende des 18. Jahrhunderts verboten die Spanier der indigenen Bevölkerung das Tragen ihrer traditionellen Trachten. Die Frauen verwendeten daraufhin europäische Schnitte, behielten aber ihre farbenprächtigen Stoffe und traditionelle Materialien bei. So entstanden die weiten wollenen Röcke, die *Polleras*, und die engen Bolerojacken.

Die meisten der Cholitas tragen Hüte. Wir bekommen auch die Geschichte der Bowler Hüte erklärt. Ende der 20er Jahre des letzten Jahrhunderts erhielt ein Importeur eine Falschlieferung von Hüten aus Italien. Der Hutlieferant hatte einfach zu kleine Hüte geliefert, die nicht auf die Köpfe der Herren der Gesellschaft passten. Auch den europäischen Damen waren die Hüte zu klein. Der findige Importeur der Hüte konnte schließlich eine indigene Frau überzeugen, solch einen Hut zu probieren und diese fand ihn einfach schön, unter anderem deshalb, weil sie mit dem Hut größer wirkte. Wie es mit Mode auf der Welt eben so ist, wollten daraufhin alle indigenen Frauen so einen Hut haben und er wurde in die Tracht integriert. Wieder so eine Geschichte, die man sich erzählt. Ob es sich wirklich so zugetragen hat? Jedenfalls tragen wirklich alle indigenen Frauen eine Kopfbedeckung und sehr viele diese schwarzen oder braunen Bowler Hüte. Viele Frauen habe ich allerdings auch mit klassischen Sonnenhüten gesehen. Da scheint sich wieder ein Wandel in der Mode anzubahnen.

Die Cholitas thronen in ihren Verkaufsständen wie Königinnen. Es sind durchweg kräftige, bis dicke Frauen, mit strammen Beinen, doch mir fällt wieder auf, welch zierliche Schuhe sie tragen. Selbst die Frauen, die man auf dem Land über Felder und Wiesen laufen sieht, tragen nicht etwa kräftige Schuhe, sondern flache, zierliche Sandalen. Ich finde sehr erstaunlich, dass sie bei ihrem stämmigen Körperbau tatsächlich recht kleine, zierliche Füße haben. Das Schönheitsideal für indigene Frauen sei ein breites Becken und kräftige Waden, bekommen wir erklärt. Die kräftigen Waden signalisierten, dass die Frau kräftig arbeiten kann. Tatsächlich würde der gesamte Marktbetrieb ausschließlich von Frauen abgewickelt, inklusive Gemüsekisten schleppen. Auch das Geld würde ausschließlich von den Frauen verwaltet, weil die Männer es sonst in Alkohol anlegen würden. Soweit die Aussage unseres Führers.

Das Schönheitsideal bei den Männern seien übrigens kräftige Haare und ein dicker Bauch. Mehr braucht ein indigener Mann anscheinend nicht, um eine Frau zu beeindrucken. Ich bezweifle das.

Indigene Frauen tragen alle ihre Lasten in einem Tuch verpackt auf dem Rücken. Selten sieht man eine Cholita ohne ein Bündel auf dem Rücken. Auch die Kinder werden so transportiert. Ich staune immer wieder, wie ruhig, ja fast apathisch sich die Kinder in diesen Tüchern verhalten. Manchmal sind es Kinder, die ich auf ein bis zwei Jahre schätzen würde, ein Alter, in dem die kleinen Racker eigentlich viel Bewegung brauchen und die Welt erkunden sollten. Stattdessen liegen sie bewegungslos in ihrem Tuch und schauen sich die Umwelt an, ohne zu quengeln oder zu zappeln.

Einmal konnte ich beobachten, wie ein etwa neun Monate altes Baby auf den Rücken der Mutter verfrachtet wurde: Die Mutter legte das Tuch auf die Straße und das Kind darauf. Das Kind blieb regungslos auf seinem Rücken liegen. Dann wurden die Ecken des Tuches aufgenommen, das Tuch mit einem heftigen Schwung über die Schulter auf den Rücken der Mutter geschleudert und die Ecken des Tuches so vor dem Körper befestigt. Das Kind ließ alles widerspruchslos über sich ergehen. Wenn ich da an meine Enkelkinder denke, wie viel Aufmerksamkeit sie einfordern und auch bekommen. Dazwischen liegen Welten.

Kleine Babies habe ich gelegentlich in so einem Tuch weinen gehört. Die Mutter machte dann Auf- und Ab-Bewegungen, rüttelte das Kind etwas durch und meistens war es dann still.

Trotzdem machen die bolivianischen Kinder auf mich einen sehr selbstbewussten Eindruck. Wenn ich ihnen begegne, sind sie stets zurückhaltend aber keinesfalls schüchtern. So habe ich auch die Kinder in anderen Ländern Südamerikas erlebt. Sehr selbstbewusst, zugleich aber auch sehr freundlich und zuvorkommend und hilfsbereit.

In Paraguay saß ich einmal in einem Eiscafé, als eine Gruppe von sieben paraguayischen Jugendlichen hereinkam. Mit meiner Erfahrung aus Deutschland rollte ich innerlich die Augen und stellte mich schon einmal auf das Ende der Ruhe in diesem kleinen Raum des

Cafés ein. Nichts dergleichen bewahrheitete sich. Sie suchten sich einen großen Tisch aus, gingen zur Theke, bestellten ihr Eis und setzten sich. Wenn ich sie nicht so genau beobachtet hätte, wären sie mir gar nicht aufgefallen. Ich stellte mir damals eine vergleichbare Gruppe deutscher Jugendlicher im Alter von zwischen 15 und 17 Jahren vor. Alleine energetisch, hätten sie den Raum ausgefüllt, mit ihrem lauten Auftreten, vermute ich. Auch diese paraguayischen Jugendlichen hatten an ihrem Tisch ihren Spaß, allerdings nicht so laut, dass der Rest des Lokals mit eingebunden worden wäre.

Die nächste Station unserer Führung ist der Hexenmarkt. Hier kann man all die Utensilien kaufen, die man für Hexerei und Magie braucht: Kräuter, Essenzen, Öle, Töpfe und Tiegel, Pulver und ich weiß nicht was sonst noch. Am meisten beeindrucken mich natürlich

die getrockneten Lamaföten oder Lamababies, die an jedem Stand zu sehen sind. Sie sind alle schneeweiß.

Nachdem wir den Markt passiert haben setzen wir uns gemütlich in den Schatten und Christian erzählt uns ausgiebig, wie abergläubisch die bolivianische Bevölkerung sei. So sei es ganz normal, mit diversen Anliegen zu einem Schamanen zu gehen. Der oder die, könne dann durch bestimmte Rituale zum Beispiel den untreuen Ehemann wieder ins Bett der Ehefrau bringen, dafür sorgen, dass eine Prüfung bestanden wird, man einen guten Job oder viel Geld bekommt und vieles mehr. Auch schwarze Magie würde von einigen Schamanen betrieben, so zum Beispiel eine Verwünschung der Geliebten des Mannes. Allerdings sei dies sehr teuer und nur wenige Schamanen würden so etwas machen, weil der Glaube umgeht, dass negative Wünsche auf den Schamanen zurück fallen.

Wenn ein Haus gebaut wird ist es üblich, ein Lamafötus im Fundament zu vergraben. Angeblich handelt es sich bei den Föten, die man auf dem Hexenmarkt kaufen kann, ausschließlich um Fehlgeburten und kein Lama würde für diesen Verkauf getötet. Bei der großen Anzahl an weißen, getrockneten Lamababies, die allein in dieser Straße zum Kauf angeboten werden, fällt es schwer dies zu glauben und auch Christian bezweifelt, dass so viele Lamas eine Fehlgeburt erleiden. Jetzt erinnere ich mich an den weißen, angekokelten Tierkörper, den ich im Busbahnhof von Sucre auf dem Grill gesehen hatte. Damals dachte ich es sei ein Baby Schaf, aber natürlich war auch das ein Lamababy oder Fötus.

Danach wird es richtig gruselig. Er erzählt uns nämlich, dass für größere Gebäude, zum Beispiel für ein Hochhaus oder eine Brücke, ein Lamafötus oder Lamababy nicht ausreicht, damit Pachamama befriedigt ist. Dafür bedürfe es Menschenopfer. Und dann bekommen wir ausgiebig und anschaulich erzählt, wie man Alkoholiker und Obdachlose für diese Zwecke zum Trinken einlädt, eventuell sogar eine Prostituierte bezahlt, also ihnen noch einmal einen richtig schönen Abend beschert. Danach, wenn er dann so alkoholisiert ist, dass er nichts mehr wahrnimmt, würde er mit dem Gesicht nach unten in das Fundament des Bauwerks gelegt und einzementiert werden. Bei Brückenpfeilern müsse ein Mann und eine Frau geopfert werden. Dieses Ritual sei zwar offiziell nicht mehr erlaubt, aber Christian geht davon aus, dass es trotzdem weiter praktiziert wird. Bolivianer seien eben sehr abergläubisch.

»Tatsächlich habe ich in Bolivien so gut wie keine Obdachlosen auf der Straße gesehen«, fällt mir in diesem Moment ein. Mir wird ganz mulmig bei dieser Erzählung.

Christian, der diese Geschichte ja nicht zum ersten Mal erzählt, hat merklich Freude daran, unsere erstaunten und entsetzten Gesichter zu sehen. Ist es ein Bonbon, das sich die Stadtführer gönnen, um Touristen zu gruseln? Bei meiner Recherche im Internet stoße ich auf gleiche Erzählungen, aber die sind natürlich von Menschen geschrieben, die La Paz selbst als Tourist bereist und an einer Stadtführung teilgenommen haben. Ich beschließe zu glauben, dass es den Stadtführern in La Paz einfach Freude macht, Touristen etwas zu gruseln und dass die Geschichte in Wirklichkeit eine Ente ist.

An der Außenfassade der großen Kathedrale am Plaza San Franzisco macht Christian uns auf ein Relief aufmerksam, welches eine Frau mit nackten Brüsten zeigt, die gerade eine Pflanze gebiert. Das sei eine Darstellung von Pachamama, erklärt er uns. Es sei die einzige katholische Kirche auf der Welt, an deren Außenfassade das Relief einer nackten Frau zu sehen sei, behauptet er. Wieder einmal merke ich, dass die Missionare in Bolivien bei der Christianisierung der Indigenen große Zugeständnisse machen mussten. Bis heute hat sich der christliche Glaube dort zwar etabliert, existiert aber parallel zum traditionellen Glauben der Indigenen. Ich denke sofort an EL TIO im Bergwerk von Potosí.

Wir gehen weiter zum Regierungspalast. Dort erzählt Christian uns die Geschichte eines Präsidenten, der in den 90er Jahren gewählt worden war. Er war Bolivianer, sei aber in Amerika aufgewachsen, weshalb ihn viele Menschen für einen großen Hoffnungsträger auf ein besseres Leben hielten. Tatsächlich habe er für das Volk nichts verbessert, ganz im Gegenteil. Während seiner Regierungszeit habe er dafür gesorgt, dass Bergwerke privatisiert und an ausländische Firmen verkauft wurden. Daraufhin wurde er nicht für die nächste Amtszeit gewählt und sei wieder nach Amerika gegangen. Ein paar Jahre später habe er aber noch einmal kandidiert und sei tatsächlich wieder »gewählt« worden. In dieser Amtszeit habe er die Steuern so drastisch nach oben getrieben, dass es zu heftigen Protesten der Bevölkerung kam. Da die Polizei nicht bereit war, gegen die Demonstranten brutal vorzugehen, habe der Präsident das Militär eingesetzt. Die Soldaten schossen in die Menge, wobei 70 Menschen getötet und sehr viele verletzt wurden.

Als dem Präsidenten klar wurde, dass er sich nicht mehr halten kann, bestellte er einen Hubschrauber, der ihn aus dem Regierungssitz ausflog, nicht ohne vorher aus der angrenzenden Nationalbank noch den gesamten Staatsschatz herauszuholen und mit in die USA zu nehmen. Dort lebe er jetzt in Maryland in einer großen Villa. Alle juristischen Bemühungen, das gestohlene Vermögen wieder zu bekommen, seien gescheitert.

Soweit die Story von Christian. Ich gebe sie hier so wieder, wie er sie uns erzählt hat. Die Einschusslöcher an einem Gebäude gegenüber des Präsidentenpalastes sind noch heute zu sehen, aber ob das Ganze sich wirklich so zugetragen hat, kann ich nicht nachprüfen. Laut Wikipedia hatten die Vertreter der Opfer und die nachfolgenden bolivianischen Regierungen eine Verurteilung wegen illegaler Tötung gefordert. 2018 wurde er aber wegen »Mangel an Beweisen« freigesprochen und genießt in den USA politisches Asyl.

Auszug aus Wikipedia zu diesem Thema:

»Vertreter von Opfern verlangten Entschädigungen für extrajudikale Tötungen in einem Verfahren gegen die Vereinigten Staaten nach dem Alien Tort Statute (ATS). 2014 nahm ein District Court in Florida eine Opferklage nach dem Torture Victim Protection Act (TVPA) von 1991 an. Im Mai 2018 erklärte es Sánchez de Lozada und den Ex-Verteidigungsminister Carlos Sanchez Berzaín aufgrund des Mangels an Beweisen der illegalen Tötungen für nicht schuldig.«

Wikipedia bezeichnet ihn als den reichsten Mann Boliviens, erwähnt aber nicht, woher sein Reichtum stammt. Ich darf gar nicht weiter darüber nachdenken, sonst fange ich an, mich aufzuregen. Sofort muss ich an Menschen denken, die vom amerikanischen Geheimdienst um die ganze Welt gejagt werden, sich jahrelang in einer Botschaft verstecken müssen und dann doch im Hochsicherheitstrakt eines Gefängnisses landen, weil sie »Geheimnisse« verraten haben. Niemand behauptet, dass sie gelogen hätten, ihr Vergehen ist, dass sie Wahrheiten an die Öffentlichkeit gebracht haben. Und andere, wie dieser Ex-Präsident, können Menschen töten und den gesamten Staatsschatz ihres Landes plündern und bekommen politisches Asyl in den USA. Wer hat jemals behauptet, dass die Welt gerecht sei? Muss man bis nach Bolivien fliegen, um sich solche Fragen zu stellen?

Die Stadtführung ist zu Ende und ich merke, dass ich meinen Ärger über das eben Gehörte am besten mit einer guten Mahlzeit los bekommen werde. Dekadent? Ja, wahrscheinlich. Aber kann ich etwas ändern?

Ich lande in einem Lokal, in dem ich eine köstliche Forelle serviert bekomme. Das hebt meine Stimmung.

Es ist jetzt später Nachmittag, ich habe also noch Zeit. Deshalb beschließe noch ein bisschen mit der Teleferico (Seilbahn) herum zu fahren.

In La Paz wurde zwischen 2014 und 2019 ein hochmodernes Seilbahnsystem gebaut, mit dem man jeden Stadtteil bequem erreichen kann. Eine Fahrt kostet drei Bolivianos (etwa 40 Cent) und dieser Betrag reduziert sich sogar noch, wenn man gleich mehrere Fahrten oder ein Tages- oder Monatsticket kauft. Es ist also durchaus erschwinglich, auch für Bolivianer. Um zur nächstgelegenen Station zu kommen, hätte ich etwa einen Kilometer laufen müssen – bergauf! Das tue ich mir nicht an, bei dem geringen Sauerstoff und der von Autos verpesteten Luft in den Straßen. Ich steige in einen der Kleinbusse und habe Glück, denn er fährt ganz in die Nähe der Station. An der Kasse werde ich darauf aufmerksam gemacht, dass ich Maske tragen muss, sonst darf ich die

Station nicht betreten. Zum Glück befindet sich eine in meiner Hosentasche.

Ja und dann sitze ich in einer Gondel und kann die Sicht auf La Paz genießen. Der Talkessel besteht aus einem einzigen Meer aus Häusern, das sich auch die Hänge hochzieht. Wie schon auf der Fahrt mit dem Bus von El Alto in die Altstadt, kommen mir die Häuser an den Berghängen vor, als wären sie angeklebt worden. Ich bekomme ein erhebendes Gefühl. »Ich bin jetzt in La Paz!«, sage ich zu mir selbst.

In der Ferne sieht man einen gewaltigen schneebedeckten Berg. Illimani heißt er, recherchiere ich später.

Auf der Fahrt nach unten, sitzt ein sehr netter Bolivianer mit mir in der Gondel, der mir viele interessante Dinge erzählt. Er begleitet mich noch zum Ausgang der Station und zeigt mir den Weg zu meinem Hostel. Dafür bin ich ihm sehr dankbar, denn alleine hätte ich das nicht gefunden, obwohl es gar nicht weit weg ist.

Im Hostel bin ich immer noch alleine im Zimmer. Ich gehe noch in die Rooftop Bar und trinke ein Bier. Drei Seiten des Raumes sind mit Glas ausgestattet und so habe ich einen wunderbaren Blick auf die beleuchtete Stadt, die jetzt aussieht wie ein Lichterteppich. Traumhaft schön. Die Bar ist auch sehr gemütlich und es wird Musik gespielt, die mir gefällt. Junge Leute sitzen oder liegen auf Sofas und spielen an ihren Handys herum. Das übliche Bild, aber auch ich bin mit meinem Smartphone beschäftigt und poste Fotos von La Paz in meinem Status bei WhatsApp. Auf diese Weise lasse ich meine Freunde und Bekannten auch etwas an meiner Reise teilnehmen.

Nach dem Bier gehe ich ins Bett und schlafe wie ein Murmeltier.

VALLE DE LA LUNA

Als ich am nächsten Morgen erwache, ist ein weiteres Bett belegt. Muss wohl jemand in der Nacht eingezogen sein, ich habe nichts gehört. Diese Zimmergenossin erweist sich als absoluter Glücksfall für mich. Sie heißt Lena, ist aus Barcelona und hat schon die ganze Welt bereist. Wir verstehen uns auf Anhieb gut, gehen zusammen in die Rooftop Bar des Hostels und essen dort das leckerste Frühstück, das ich auf der ganzen bisherigen Reise hatte. Lena hat genaue Vorstellungen, wie sie den Tag gestalten möchte: vormittags »Valle de la Luna«, nachmittags die Altstadt anschauen und die Fahrradtour über die »Death Road« buchen. Von dieser Fahrradtour hatten mir schon einige Reisende erzählt und ich liebäugele auch damit, sie zu unternehmen. Man kann sie sogar an der Rezeption unseres Hostels buchen.

Auch vom »Valle de la Luna« (Tal des Mondes) hatten mir andere Reisende schon vorgeschwärmt. An der Rezeption hatte ich mir sogar erklären lassen, wie man dort hin kommt, doch das klang alles ein bisschen kompliziert. Jetzt mit Lena wird es einfach für mich. Sie ist sehr gut organisiert, checkt alles vorher aus und ist über alles bestens informiert. Obendrein spricht sie perfekt Spanisch. Sie fragt mich, ob ich mitkommen möchte. Natürlich möchte ich.

Wir starten mit der Teleferico. Dabei benutzen wir Seilbahlinien, die über den modernen Teil der Stadt schweben. Dort sind breite Straßen, moderne Wohnhochhäuser, edle Geschäfte und luxuriöse Villen. Wir blicken auf eine moderne westliche Stadt, die da unter uns ist. Dieser Teil liegt in einem anderen Tal und ist von El Alto aus nicht zu sehen.

An der Endstation nehmen wir ein Taxi. Da bekomme ich zum ersten Mal eine Kostprobe, wie hartnäckig Lena im Feilschen sein kann. Schon an der Kasse des Telefericos hatte ich bemerkt, dass sie sehr lange verhandelte, bis sie auch wirklich die günstigste Möglichkeit für unsere Reise mit der Seilbahn herausgefunden hatte. Jetzt wird mit dem Taxifahrer gefeilscht, bis der absolut niedrigste Preis verhandelt ist. Und das macht sie mit so großem Charme, so dass der Taxifahrer gar nicht auf die Idee kommt sauer zu werden.

Das »Valle de la Luna« ist ein Ort, an dem Gesteinsformationen, die aussehen als wären sie aus Lehm, in skurrilen Gruppierungen empor ragen. Es ist schwer zu beschreiben. Ich fühle mich wie in einer anderen, unwirklichen Welt. Ein Holzsteg führt durch das Gebiet. Es ist heiß an diesem Tag und die Höhe macht mir zu schaffen. Wir gehen ganz langsam und ich sauge die Stimmung regelrecht ein. Auf einmal erklingen Töne einer Panflöte. Ein Indigener hat sich auf eine der Erhebungen gestellt und spielt wunderbare Melodien, die sich sanft über das Tal ausbreiteten. Lena und ich setzen uns still auf eine Bank und genießen die Stimmung.

Am Ausgang begegnen wir dem Mann mit der Panflöte. Gegen ein kleines Trinkgeld gibt es sogar noch ein Fotoshooting mit ihm und mir in seiner traditionellen Tracht mit Poncho und Hut.

Zurück in die Stadt fahren wir wieder mit Taxi und Teleferico. Zuerst über die Viertel der Reichen, dann umsteigen und hinauf zu El Alto, wo die armen Leute wohnen und danach wieder nach unten ins Zentrum.

Lena überredet mich, die Fahrradtour auf der »Death Road« mit zu machen. Ich möchte es selbst gerne erleben, aber ich habe Angst vor Abgründen. Mich näher als einen Meter einem Abgrund oder einer Schlucht zu nähern, ist für mich unmöglich. Außerdem fürchte ich, dass nur junge, durchtrainierte Mountainbiker diese Tour buchen und ich nicht mithalten kann.

»Da ist immer ein Begleitfahrzeug dabei«, meint Lena. »Wenn du nicht mehr kannst, dann laden sie dein Fahrrad auf und du kannst im Auto mitfahren.«

Das überzeugt mich. Also buche ich im Hotel die Tour. Lena bucht in einer Agentur und handelt für sich einen speziellen Preis aus.

Bei der Buchung erkundige ich mich noch einmal, ob es denn stimmt, dass ein Begleitfahrzeug immer dabei ist.

»Ja, das Begleitfahrzeug ist immer dabei. Wenn Sie nicht mehr können, oder nicht mehr fahren wollen, können Sie einfach im Auto weiterfahren«, wird mir an der Rezeption bestätigt. Nun, dieses Risiko ist also in der Tat überschaubar. Und mal wieder Fahrrad fahren zu dürfen, reizt mich sowieso. Bei der Buchung muss ich Körpergröße und Kleidergröße angeben, was sich später als sehr praktisch erweisen sollte.

CAMINO DE LAS MUERTES

Der Verbindungsweg zwischen dem Hochland der Anden zu dem Amazonasgebiet durch das Yungas Tal wurde bereits von den Inkas erbaut. In den 30er Jahren des letzten Jahrhunderts wurde diese Straße dann ausgebaut, damit sie den gestiegenen Anforderungen des Verkehrs gerecht werden konnte. Die Einweihung dieser Straße war 1936 und sie war eine der wenigen Verbindungsstrecken zwischen La Paz und der Amazonasregion. Der gesamte Verkehr führte über diese Straße. Dabei sind so viele Autos verunglückt, dass sie auf der Ranking Liste der gefährlichsten Straßen der Erde einen der ganz oberen Plätze belegte. Seit 2006 gibt es eine Alternative, eine schöne, breite, zweispurige, asphaltierte Straße, die aber einen wesentlich weiteren Bogen durch die Berge schlägt. Sowohl die alte als auch die neue Straße führen zu dem Ort Coroico, von welchem man dann das Amazonas Gebiet erreichen kann.

Wir werden fast pünktlich im Hostel abgeholt und steigen in einen Kleinbus, der viele Fahrräder auf dem Dach geladen hat. Wie zu erwarten bin ich die Älteste in der Gruppe und es sitzen wirklich hauptsächlich junge Männer im Bus. Neben Lena und mir gibt es noch eine Frau. Eine Holländerin, wie sich später herausstellt. Ansonsten sind es zwei Israelis, zwei Franzosen, zwei Argentinier und ein Peruaner. Ich mag dieses internationale Flair, auch wenn die jungen Leute wenig bis gar keine Notiz von mir nehmen.

Die Fahrt geht los. Erst einmal durch den dichten Verkehr von La Paz und immer steil den Berg hinauf. Wir kommen an einer Feuerwehrstation vorbei. Das verwundert mich, denn mir hatte einmal ein Feuerwehrmann erzählt, dass es in La Paz gar keine Feuerwehr gäbe, weil es dort, aufgrund des geringen Sauerstoffes, nie brennen würde. Stimmt also gar nicht. Man soll einfach nicht alles glauben, was man erzählt bekommt.

Die Straße schlängelt sich immer weiter steil nach oben. Die Gegend wird merklich ärmer. Dafür habe ich immer mehr das Gefühl, in die Vergangenheit zu reisen. Man kann in kleine Läden wie Schreinerwerkstatt oder Schmieden hineinschauen und sehen, dass vieles noch so praktiziert wird, wie wir es heute im Museum bestaunen. Hühner laufen auf der Straße herum, obwohl wir auf einer der Hauptausfahrtstraßen von La Paz fahren. Vor den schäbigen Geschäften parken schäbige Motorräder mit Lastenaufsatz und die indigenen Frauen sind hier nicht so prunkvoll herausgeputzt wie in der Innenstadt oder auf dem Markt. Hier, am Rande von La Paz wohnen die armen Leute. Noch lange Zeit geht es durch Randgebiete der Stadt, dann hören die Häuser auf und wir sehen die herrliche Berglandschaft.

Als wir aus La Paz heraus sind, stellt sich einer unserer Begleiter vor. Er heißt Enrique, sein Kollege heißt Daniel und der Busfahrer Mateo. Enrique erklärt uns den Tagesablauf. Er spricht sehr gutes Englisch. Diesmal ist es Lena, die kein Englisch kann, welche immer wieder um eine Übersetzung auf Spanisch bitten muss.

»Wie euch ja sicherlich bei der Buchung mitgeteilt wurde hat es auf dem camino de los muertos einen Erdrutsch gegeben. Deshalb kann dieser Bus auf der Fahrradstrecke nicht hinter uns bleiben.«

»Nein! Das wurde mir nicht mitgeteilt!« Und

»Nein! Wenn ich es gewusst hätte, dann würde ich jetzt nicht hier sitzen«, sind meine Gedanken.

Aber nun sitze ich hier und jetzt heißt es Augen zu und durch. Ich habe es nicht bereut.

Ungefähr eine Stunde fahren wir, stetig bergauf und die Landschaft wird immer karger. Ich kenne das ja schon von meiner Tour zur chilenischen Grenze. Wieder kann ich unzählige Lamas bestaunen, die in Herden entlang der Straße grasen. Auch hier haben die Lamas bunte Fäden oder kleine bunte Wollbommelchen an den Ohren. Ähnlich wie bei uns mit gelben Plastikmarken, werden die Lamas hier mit bunten Wollfäden gekennzeichnet, damit jeder Besitzer seine Tiere wieder erkennen kann.

Der Bus hält an einem Parkplatz, der an einem kleinen See gelegen ist. Allein dieser Blick auf den kleinen

See wäre die Reise wert gewesen. Zwischen spärlichem Grün, in dieser sehr kargen Landschaft, ist der See eingebettet. Dahinter ein kleines weißes Häuschen mit rotem Dach. Es sieht aus wie die Zeichnung in einem Bilderbuch für Kinder.

Die Fahrräder werden abgeladen. Es ist alles sehr gut vorbereitet. Jedes Rad hat eine Nummer. Auf jedem Rad liegt ein Beutel, in welchem sich die Schutzkleidung befindet. Auf jedem Beutel steht der Name einer Person. So hat jeder die Schutzkleidung in seiner Größe und das Rad ist ebenfalls schon auf die Größe eingestellt.

»Perfekte Organisation«, denke ich.

»Wir fahren jetzt etwa zehn Kilometer auf der Asphaltstraße, damit ihr euch an die Räder gewöhnen könnt«, erklärt uns Enrique.

Danach gibt er noch weitere Instruktionen: Jeder soll so weit rechts wie möglich fahren, damit die Autofahrer beim Überholen nicht auf die Gegenfahrbahn ausweichen müssen. Wir sollen uns nicht gegenseitig überholen, auch mit Rücksicht auf den Autoverkehr. Wir sollen Lücken lassen zwischen den Rädern, damit die Autos überholen und bei eventuellem Gegenverkehr sich wieder rechts einordnen können. An keine dieser Regeln wird sich anschließend gehalten.

Ich freue mich riesig darauf, endlich mal wieder auf einem Fahrrad sitzen zu dürfen. In Deutschland war ich passionierte Radlerin gewesen.

»So, und jetzt kann es losgehen! Achtet bitte auf den Straßenverkehr. Und bitte, schiebt das Rad zur Straße. Wir befinden uns hier auf 4800 Meter Höhe. Keiner von euch ist diese Höhe gewöhnt und es geht ein wenig bergauf, das kann schon richtig anstrengend sein. Es ist besser, unnötige Anstrengungen zu vermeiden«, warnt uns Daniel.

»Was? Diese zehn Meter bis zur Straße soll ich schieben? Und das bisschen Anstieg, das merkt man doch kaum!«.

Wie ein trotziges Kind schwinge ich mich aufs Rad und trete in die Pedale. An der Straße angekommen, wird mir schwindelig und schwarz vor den Augen.

»Oh je, hoffentlich wird das nicht schlimmer.« Ich bekomme regelrecht ein bisschen Bedenken, ob ich nicht hier schon aufgeben muss. Zum Glück vergeht der Schwindel nach ein paar Atemzügen wieder. Sauerstoffmangel eben.

Endlich geht das Abenteuer los. Ich sitze nach mehr als einem halben Jahr mal wieder auf einem Fahrrad. Allein das genieße ich schon. Die Straße ist sehr gut asphaltiert und der Autoverkehr gering. Erneut bin ich einfach überwältigt von dieser herrlichen Landschaft der Anden. Ich muss wieder an Christian Ströbele denken und wie ich ihn damals beneidete. Jetzt bin ICH HIER, mit herrlichem Blick in ein Tal und auf die Berge ringsherum und gehe auch noch meinem Lieblingshobby nach: Fahrrad fahren! Ich fühle wieder große Dankbarkeit, dass ich das alles erleben darf.

Daniel rast immer wieder an uns vorbei, dann sehen wir ihn am Straßenrand, wie er Fotos von uns macht. Zweimal gibt es Zwischenstopps, an denen sich die ganze Gruppe versammelt. Das, was ich schon vorausgesehen hatte, bewahrheitet sich jetzt. Ich bin immer die Letzte, die zur versammelten Gruppe hinzustößt. Zum Glück hatte Enrique im Bus das Thema angesprochen.

»Wenn ihr schnell fahren wollt, kein Problem, wenn ihr es aber genießen wollt und langsam fahrt, auch kein Problem«, hatte er verkündet. Das ist eine große Erleichterung für mich.

Ich hätte aber wirklich nicht schneller fahren können, ohne auf Sicherheit zu verzichten. In Deutschland bin ich wirklich eine sehr geübte Radlerin. Doch wie die Jungs in diesem Tempo den Berg herunter rasen können, ist mir ein Rätsel.

Bei den Stopps werden Fotos gemacht. Eine Stelle ist besonders imposant, weil man einen weiten Blick in ein Tal hat. Jeder stellt sich mit aufgestelltem Rad für ein Foto zur Schau, das wunderbare Tal bildet den Hintergrund. Ich mache mit, obwohl ich nicht wirklich Wert auf so ein Foto lege. Man kann sowieso nicht viel erkennen, weil jeder einen Helm trägt, ähnlich einem Motorradhelm und man kaum erkennen kann, wer sich unter dem Helm verbirgt.

Beim dritten Stopp werden die Räder wieder aufgeladen und wir fahren mit dem Auto weiter, bis ein großes Schild »Bienvenidos al Camino de la Muerte« (Herzlich

Willkommen auf der Todesstraße) erscheint. Da fahren wir hinein und dann doch noch ein ganzes Stück auf einer Geröllstraße, bis wir zu einer kleinen Ansammlung von Häusern kommen. Dort gibt es einen kleinen Snack und die Möglichkeit, auf Toilette zu gehen. Außerdem werden 50 Bolivianos eingesammelt von jedem, als Eintrittsgeld für den Nationalpark.

Mich beschleicht das Gefühl, dass die Lokalisation von Nationalparks in Bolivien sehr flexibel gehandhabt wird, nämlich immer dort, wo ausländische Touristen auftauchen. Auf Googlemaps hatte ich jedenfalls keinen Nationalpark an dieser Stelle gesehen. Da aber sogar Lena anstandslos bezahlt, gehe ich davon aus, dass es schon seine Richtigkeit hat, denn sie hat sich bestimmt eingehend informiert darüber. Außerdem, wenn es eine Gegend verdient hat zum Nationalpark erkoren zu werden, dann diese.

Ja und dann heißt es »auf die Räder«. Enrique erklärt uns den ersten Abschnitt der Strecke und worauf wir achten müssen, zum Beispiel immer bremsbereit sein. Das ist zwar wirklich wichtig, bedeutet aber, dass ich damit meine Handballen sehr stark belaste, was ich später noch schmerzhaft merken sollte. Ferner werden wir vor entgegenkommenden Fahrzeugen gewarnt. Es könne durchaus sein, dass uns Autos entgegenkommen, nämlich Tourenfahrzeuge von anderen Unternehmen. Unbedingt zu beachten ist, dass auf dieser Strecke noch wie früher Linksverkehr herrscht.

Meine Bedenken, dass ich Probleme bekommen könnte, nahe eines Abgrunds fahren zu müssen, zerschlagen sich schnell. Der Weg ist wirklich breit genug – nach meiner Einschätzung für EIN Auto. Naja, wenn das eine sich an den Felsen quetscht und das andere am Abgrund balanciert, können schon auch zwei Autos aneinander vorbeikommen. Doch dass diese Straße früher von LKWs befahren wurde und sich hier womöglich sogar zwei LKWs begegnet sind, ist außerhalb meines Vorstellungsvermögens.

Die nördliche Yungas Straße, wie der offizielle Name lautet, wurde 1936 nach mehreren Jahren Bauzeit fertiggestellt. Wie schon erwähnt, stellte sie damals eine der ganz wenigen Verbindungen zwischen La Paz und dem Amazonasgebiet dar. Ich stelle mir gerade vor, wie der Verkehr damals wohl ausgesehen haben mag und für welche Auslastung sie gebaut wurde. Ich vermute, dass es sich hauptsächlich um Eselskarren, Pferdekutschen, Fußgänger und Reiter handelte, die diese Straße benutzten. Natürlich auch motorisierte Fahrzeuge, aber bestimmt nicht viele. Dass sich einmal schwere LKWs mit unzähligen Autos diesen Weg teilen müssen, war damals bestimmt noch nicht im Plan. Im Laufe der Zeit nahm der Verkehr immer mehr zu und damit auch die meist tödlichen Unfälle. Wenn man bei Google »Death Road« eingibt, kann man Fotos sehen von Schwertransportern, die sich auf dieser Straße entlang schlängeln. Während der 90er Jahre seien offiziell etwa 300 Menschen jährlich auf dieser Straße ums Leben gekommen, erklärt uns Enrique, die Dunkelziffer sei aber höher, weil viele Unfälle auch nachts passierten. Kokainschmuggler haben diese Straße vorzugsweise benutzt. Hatten diese dann einen tödlichen Unfall, weil sie den Abhang hinuntergestürzt sind, wurden sie natürlich nie als vermisst gemeldet, sondern waren einfach weg. Enrique schätzt die Zahl auf 400 Tote jährlich.

Die ursprüngliche nördliche Yungas Straße wird heute von Touristen genutzt, so wie ich einer bin. Für Fahrradfahrer (sprich Mountainbiker) ist diese Straße ideal, trotzdem gibt es immer noch Todesfälle auf dieser Strecke. Unvernünftige Touristen, die die Tour auf eigene Faust machen und sich und ihre Geschwindigkeit falsch einschätzen, sind ganz beliebte Kandidaten. Entlang der Strecke kann man unzählige kleine Altäre oder Kreuze sehen, welche daran erinnern, dass hier ein Mensch ums Leben gekommen ist.

Es heißt, dass diese Straße durch fast alle Vegetationszonen Südamerikas führt. Ich glaube, das stimmt auch. Oben, als wir die Räder in Empfang nahmen, war es richtig kalt und es gab so gut wie keine Vegetation. Dort, wo wir die Asphaltstraße verlassen und in die Schotterstraße einbiegen, beginnt das Yungas Tal und es gibt auch im oberen Bereich schon wieder Vegetation. Je tiefer wir am Hang dieses Tals hinab fahren, desto wärmer wird es und am Ende der Tour ist es feuchtwarm bis heiß. Ein großer Teil der Strecke führt durch Nebelwald. Das bedeutet feuchte Luft, eine üppige Vegetation und Rinnsale von Wasser laufen immer wieder den Hang hinab über die Straße. Alles ist grün, die Bäume sind zum Teil mit Flechten überzogen oder es wachsen unzählige Orchideen auf ihren Ästen. Ich liebe diese Vegetationszone und würde gerne einfach nur hier bleiben und die Atmosphäre in mich aufsaugen. Dazu bekomme ich zwar an den diversen Stopps, die eingelegt werden, immer wieder Gelegenheit, aber eben immer nur kurz. Handtellergroße leuchtend blaue Schmetterlinge kann ich beobachten, die mich ganz besonders beeindrucken. Es ist nicht sonnig, in manchen Bereichen der Strecke sogar neblig (Nebelwald eben), trotzdem oder gerade deshalb hinterlässt dieses Tal einen ganz besonderen, tiefen Eindruck bei mir.

Ich komme gut zurecht auf der Strecke, bin nur eben langsamer als die anderen. Alle 20 bis 30 Minuten wird ein Sammelstopp eingelegt, oft mit Fotoshooting. Wenn ich dann eintreffe, sind die beiden Guides damit beschäftigt, Einzelfotos zu schießen und ich halte nicht einmal den Betrieb auf. So gibt es Fotos neben einem kleinen Wasserfall, der sich den Hang hinunter ergießt, anschließend als kleiner Bach über die Straße fließt und schon ein kleines Bachbett ausgewaschen hat. Es gibt

Fotos am Rand einer hervorstehenden Felsklippe (auf die ich mich natürlich nicht stelle), sitzend am Rand des Abgrunds (auch dieses Foto lasse ich aus) und viele anderen Motive. Die Wartezeit, bis jeder Teilnehmer der Gruppe mit seinem persönlichen Foto dran gewesen ist, nutze ich, um die herrliche Natur zu genießen. Immer aufs Neue faszinieren mich die handtellergroßen, tiefblauen Schmetterlinge, die immer wieder zu sehen sind. Die Luft ist jetzt sehr feucht und ich habe auch schon das Gefühl, dass es jetzt etwas mehr Sauerstoff in der Luft gibt. An manchen Stopps bedauere ich, dass ich nicht einfach eine Stunde bleiben und die Natur genie-

ßen kann. Aber da ich Teil einer Gruppe bin, geht das natürlich nicht.

Nie vergessen werden ich diesen wundervollen Blick in das Yungas Tal, welches mir wie ein Meer aus Grün erscheint.

Und dann gibt es einen kleinen Unfall, der aber genausgut hätte schlimm ausgehen können. Die Holländerin stürzt und verletzt sich am Handgelenk. Die Schwere der Verletzung ist anfangs nicht feststellbar, sie hat jedenfalls so große Schmerzen im Handgelenk und an der Handaußenkante, so dass klar ist, dass sie so nicht weiter fahren kann. Enrique ruft den Fahrer an, der kommen soll, um sie abzuholen. Doch just in diesem Moment schraubt sich das Tourenfahrzeug einer anderen Organisation den Berg hinauf. Das ist wie ein Wunder. Dieses Auto ist das Einzige, das uns auf der ganzen Tour begegnet ist, und es kommt just in dem Moment, wo wir es brauchen. Das Rad der Holländerin wird aufgeladen, Daniel und sie steigen ein und weg sind sie. Der Fahrer unserer Tour nimmt sie dann oben auf der Straße in Empfang. Dass sie in ein Krankenhaus gebracht wird zum Röntgen erfahre ich erst am Ende der Tour, als die Holländerin wieder zu uns stößt.

»Jetzt haben wir nur noch einen Begleiter bei uns. Jetzt darf nichts mehr passieren!«, geht es mir durch den Kopf. Ich behalte meine Strategie des Fahrens auf Sicherheit bei.

Irgendwann erreichen wir den angekündigten Erdrutsch. Ein kleiner Trampelpfad zeichnet sich auf dem Geröll ab, den andere Gruppen bereits ausgetreten haben. Die Räder müssen über Geröll und Gestein einen Hügel hinauf getragen werden und auf der anderen Seite wieder nach unten. Enrique sagt zu mir, dass er mein Rad tragen werde, ich solle nur alleine hinüber gehen. Ich habe nichts dagegen. Das ist der Vorteil, wenn man älter ist.

Vor circa zehn Jahren hatte ich, bei einer ähnlichen Situation, anders reagiert. Damals war ich mit meiner Tochter bei einem Kitekurs in Portugal. Um zur Lagune zu kommen, mussten wir ein ganzes Stück laufen und die gesamte Ausrüstung selbst tragen. Natürlich war ich damals auch die Älteste der Gruppe. Die jungen Leute wollten mir die schweren Taschen abnehmen, aber ich reagierte empört und beleidigt. Ich wollte nicht die senile Alte sein, die es nicht mehr schafft ein paar Taschen zu tragen muss. Heute kann ich es dankbar annehmen, dass jemand für mich mein Fahrrad trägt. Möglicherweise hätte ich es auch gar nicht geschafft, denn die Räder sind sehr schwer. Ich bin eben doch zehn Jahre älter geworden.

Nach dem Erdrutsch geht es weiter - aber nicht lange. Etwa zehn Minuten später stehen wir erneut vor einem Erdrutsch und dieser ist wohl recht frisch, denn Enrique kennt ihn noch nicht. Dieser Erdrutsch befindet sich an einer Stelle, an der die Straße eine scharfe Kurve macht.

Das Geröll hat sich über den Weg ins Tal ergossen. Enrique steht ziemlich ratlos da und sucht nach Möglichkeiten hinüber zu kommen. Doch auch hier hat es schon Gruppen vor uns gegeben, die eine Möglichkeit gefunden hatten. Kaum sichtbar ist ein kleiner Trampelpfad in dem Geröll zu erkennen. Nicht breiter als 40 Zentimeter führt er in die Senke und auf der anderen Seite wieder nach oben zum Weg.

»Ihr müsst auf der Hangseite laufen und die Räder zum Abgrund hin neben euch schieben«, gibt Enrique als Anweisung. »Solltet ihr das Gleichgewicht verlieren, lasst als Erstes das Fahrrad los!«

Unmöglich, dass ich dies mit dem Fahrrad bewältigen kann, denn das würde bedeuten, dass ich zum Abgrund hin schauen muss. Ich habe nicht mal im Geringsten Lust es zu versuchen und die Heldin zu spielen. Ich weiß genau, dass ich abrutschen und damit nicht nur mich, sondern auch die Gruppe in Schwierigkeiten bringen würde. Also gehe ich zu Enrique und sage zu ihm: »Alleine schaffe ich das, aber mit Fahrrad nicht!«

Kein Problem! Natürlich holt er mein Fahrrad rüber. Ich kann auf der schmalen Kante meinen Blick zum Hang wenden und auf diese Weise den Abgrund ausblenden. So komme ich problemlos hinüber. Auf der anderen Seite werde ich von den anderen Gruppenmitgliedern bejubelt.

»Du hast es geschafft!«

Irgendwie ist mir das auch nicht recht. Ich will nicht als die alte Oma gefeiert werden, die trotz ihres Alters es noch schafft, einen schmalen Pfad entlang zu gehen. Aber ich kann anerkennen, dass es ganz lieb gemeint ist von den jungen Leuten.

Es wird jetzt zunehmend wärmer, und nach inzwischen drei Stunden Fahrt lässt auch die Konzentration etwas nach. Die ganze Zeit muss man sehr konzentriert fahren, Fahrrinnen ausweichen, entscheiden, welche Seite des Weges wohl besser ist, Gräben abfangen, Felsgestein ausweichen und vor allem immer bremsbereit sein. Meine Hände fangen an zu schmerzen. Wahrscheinlich habe ich mich von Anfang an zu stark auf den Handgelenken abgestützt. Die Schmerzen werden immer schlimmer, aber was kann ich machen? Ein Begleitfahrzeug haben wir ja schließlich nicht. Ich versuche die Sitzhaltung zu ändern, um die Hände zu entlasten, doch das geht auf unebener Schotter- und Geröllstraße kaum. Auch einhändig zu fahren, um immer wieder eine Hand zu schonen, ist unmöglich. Wenn jetzt ein Begleitfahrzeug dabei wäre, würde ich aufgegeben. Aber das ist nun mal nicht der Fall, also muss ich trotz großer Schmerzen durchhalten.

Der Weg führt jetzt vorbei an Coca-Plantagen. Enrique erzählt uns, dass früher hier Kartoffeln angebaut wurden, doch mit dem Anbau von Kokapflanzen ließe sich mehr verdienen. Es gibt drei Ernten pro Jahr und die Pflanzen benötigen viel weniger Pflege als Kartoffeln. Deshalb seien viele Bauern umgestiegen. 30 Prozent der Ernte würde im Land bleiben, zur eigenen Verwendung. Bolivianer kauen ständig Koka Blätter. Auch ich hatte mir in Sucre ein Beutelchen gekauft, gehe aber sehr sparsam mit meinem Vorrat um. Angeblich soll man damit die Höhe besser vertragen. Bei mir hat das nicht geholfen. Ich bezweifle, dass es mir noch schlechter in den Höhenlagen hätte gehen können, wenn ich sie nicht genommen hätte. Apropos Höhe – wir befinden uns jetzt auf einer Höhe von 1600 Meter. Das ist sehr angenehm, mal wieder richtig atmen zu können. Doch richtig genießen kann ich es nicht, denn zum einen tun mir die Hände weh und zum anderen bin ich auch ganz schön erschöpft.

Ein kunstvoll bemalter und lackierter Baumstamm taucht auf, mit dem Schild »Bienvenidos a Deathroad«. Das ist also die Begrüßung für die Leute, die von unten nach oben fahren. Bestimmt gibt es auch solche verrückte Mountainbiker. Ich könnte es mir für mich nicht vorstellen, finde die Abfahrt schon anstrengend genug. Drei dicke Motorräder kommen langsam tuckernd angefahren und halten auf dem Platz vor dem Schild. Es stellt sich heraus, dass es eine Gruppe von Deutschen ist, die auf Weltreise sind. Zwei Männer und eine Frau. Sie waren 2018 in Deutschland losgefahren, immer Richtung Osten. Dann wurden sie wegen Corona gezwungen, die Reise zu unterbrechen und zurück nach Deutschland zu fliegen. Seit einem halben Jahr sind sie wieder unterwegs, quer durch Südamerika, erzählt mir die Frau. Jetzt wollen sie die Death Road nach oben fahren. Na, das wird wohl nichts, denn über die beiden Erdrutsche kommen sie mit diesen schweren Maschinen nicht. Das erfahren sie dann auch von unserer Gruppe.

Die letzten 400 Höhenmeter sind für mich eine echte Qual, wegen meiner schmerzenden Handballen. Doch irgendwie bewältige ich auch das und dann taucht endlich die versprochene Asphaltstraße auf, das Ende unserer Tour. Unser Fahrzeug wartet schon auf uns. Halleluja!

Selbst die jungen Kerle in der Gruppe werfen ihre Räder hin und sich selbst auf den Boden. Also ist es auch für sie anstrengend gewesen. Das beruhigt mich. Wir befinden uns jetzt auf 1200 Höhenmetern und es ist feuchtwarm. Ich ziehe meine geliehene Jacke aus, unter der ich ein T-Shirt mit kurzem Arm trage. Kaum sind meine Arme nackt, setzen sich mehrere Mücken darauf und stechen mich. Ich kann gar nicht so schnell abwehren, wie sie sich auf mich stürzen. Natürlich habe ich Palosanto Öl dabei, das Mücken zuverlässig abschreckt, doch bis ich es aus der Tasche geholt und aufgetragen habe, bin ich schon mehrfach gestochen worden. Ich frage die anderen der Gruppe, ob sie auch Mückenschutz haben möchten.

»Mücken? Hier sind doch keine«, ist die Antwort. Die Biester haben sich tatsächlich ausschließlich auf mich gestürzt.

Die Mücke, die ich erschlagen kann, sieht exakt so aus, wie das Foto einer Tigermücke, das ich einmal gesehen hatte. Tigermücken sind die Überträger des Dengue Virus. Wird man von einer Mücke gestochen, die diesen Virus in sich trägt, kann man als Mensch das berühmt, berüchtigte Dengue Fieber bekommen. Dies soll äußerst unangenehm sein, mit hohem Fieber und fürchterlichen Gelenkschmerzen.

»Na, hoffentlich ist diese Mücke nicht mit dem Virus infiziert«, hoffe ich.

»Ach was, es wird schon gut gehen.«

Ich verspüre leichte Halsschmerzen. Ist wohl doch etwas zu anstrengend gewesen. Hinzu kommt der Temperaturunterschied von oben sehr kalt zu unten tropisch warm.

Die Holländerin, ist jetzt auch wieder dabei. Im Krankenhaus wurde festgestellt, dass der Knochen nicht gebrochen ist. Sie ist quietschvergnügt und erzählt, dass sie ihren Vater vom Krankenhaus aus angerufen habe und dieser, ohne sie zu Wort kommen zu lassen, das Gespräch begonnen habe mit dem Satz: »Na, wo bist du denn jetzt wieder gestürzt.«

Sie selbst verkündet lautstark, dass sie von Anfang an vermutete, dass so etwas passieren wird. »Self fulfilling prophecy« würde der Engländer sagen. Dabei hatte das Mädel wirklich weitaus mehr Glück als Verstand. Zwei andere Teilnehmer der Gruppe, die direkt hinter ihr gefahren waren, konnten den Unfallhergang genau beobachten und berichten jetzt, wie sie es erlebt hatten. Die Frau war viel zu schnell in diese scharfe Kurve hinein gefahren, dann habe sie die Kontrolle verloren und panisch gebremst. Sie konnten beobachten, wie sie im hohen Bogen über den Lenker geflogen ist. Die beiden haben es deshalb so traumatisch in Erinnerung behalten, weil beide in diesem Moment glaubten, dass sie in den Abgrund geschleudert wird. Doch glücklicherweise landete sie ganz knapp vor dem Abgrund. Die Holländerin selbst hat das gar nicht wahr genommen, doch die beiden Zeugen waren hinterher fix und fertig, weil sie das Schreckliche hatten kommen sehen.

Auf der Rückfahrt ist es im Bus sehr still. Jeder ist wohl recht erschöpft. Der Bus schraubt sich die Serpentinen der neuen, gut ausgebauten Straße hinauf. Wir halten an einer Fischzuchtanlage, wo wir frittierte Forellen mit Pommes und Reis recht lieblos serviert bekommen. Wir sind jetzt schon wieder auf einer Höhe, in der es kalt ist, und außerdem geht es ja schon auf den Abend zu. Als ich auf Toilette gehe, welche sich in einer Hütte weit abseits der Gaststätte befindet, zitterte ich vor Kälte.

Die Toilette ist, wie sie eben so sind in Südamerika: nicht wirklich dreckig, aber weit davon entfernt sauber zu sein. Es gibt das Nötigste, eine Kloschüssel, manchmal ohne Klobrille, einen Spülkasten unter der Decke, so wie ich sie von früher in Deutschland noch kenne. Man muss an einer Schnur ziehen, damit das Wasser spült. Toilettenpapier hat man am besten immer dabei, denn das ist Mangelware. Nach der Benutzung darf man kein Toilettenpapier in die Toilette werfen, da diese verstopfen würde; dafür gibt es Eimer, die neben der Kloschüssel stehen. Gelegenheit zum Händewaschen ist nicht immer vorhanden, Seife äußerst selten und ein Handtuch gibt es natürlich gar nicht.

Ich benutze also frierend diese Toilette, die dem ganz normalen südamerikanischen Standard entspricht und plötzlich schiebe ich Frust.

»Ich habe keine Lust mehr auf dieses dritte Welt Gedöns«, ist plötzlich mein frustrierter Gedanke, vor Kälte zitternd. Wie gerne hätte ich jetzt eine schöne, saubere und vor allem warme Toilette gehabt, auf der man sich mehr wohlfühlen kann. Wieder kommt mir die Frage:

»Warum tue ich mir das an?« Auf der anderen Seite, hätte ich auf meine Reise verzichten wollen? »Nein!«

Auf der Rückfahrt lasse ich den Tag noch einmal Revue passieren. Trotz aller Anstrengung war es ein sehr erfüllter Tag, etwas, was man im Leben nur EINMAL macht.

Ein Israeli unserer Gruppe schaut sich einen Film an, während der Rückfahrt, was ich nicht verstehen kann. Ich genieße die Erinnerung an dieses schöne Erlebnis, genieße die schöne Landschaft rund herum und hätte im Moment keinerlei Interesse, mir einen dummen Film anzuschauen. Menschen sind eben verschieden.

Die meisten Teilnehmer der Gruppe schlafen, sogar die so aktive Lena ist jetzt k.o.

Zurück im Hostel freue ich mich auf eine schöne warme Dusche und dann ins Bett. Als ich in den Schlafsaal komme, begrüßt mich eine freudige Stimme:

»Hi Regina, you here?«

Ich kann es erst gar nicht einordnen, wer es ist.

»It's me, Autumn.«

Ach ja, Autumn, die supernette Amerikanerin, die ich in Sucre getroffen hatte. Sie freut sich riesig, mich wiederzusehen und auch ich freue mich sehr. Allerdings habe ich nicht mehr die Kraft mich lange mit ihr zu unterhalten, ich möchte einfach nur ins Bett.

»Wir können uns morgen unterhalten. Ich bin die Death Road gefahren und sehr müde«, erkläre ich ihr.

Ja, das kennt sie. Selbstverständlich hat sie dieses Erlebnis auch schon hinter sich. Sie fliegt am nächsten Tag nach Quito und steht sehr früh auf. Wir werden uns also nicht mehr viel unterhalten. Doch dieser Moment der Freude auf beiden Seiten, erleuchtet das Herz.

Nach der warmen Dusche schnell ins lange ersehnte Bett. Aber jetzt taucht das Phänomen auf, das wohl so manch Einer kennt. Man ist todmüde und möchte eigentlich nur schlafen, doch im Körper steckt noch so viel Adrenalin, dass man nicht zur Ruhe kommt und nicht einschlafen kann. Das erlebe ich in dieser Nacht. Ich liege endlos lange wach, obwohl ich einfach nur müde bin. Irgendwann muss ich dann doch eingeschlafen sein, denn als ich aufwache ist Autumns Bett leer und ich habe sie nicht aufstehen gehört.

Ab jetzt wird richtig Urlaub gemacht, ist mein Plan. Die Nächste Station ist der Titicacasee. Der Ort, meiner jahrzehntelangen Träume. Mindestens eine Woche habe ich dafür eingeplant. Ein bisschen spazieren gehen, die Landschaft genießen, die Sonneninsel und die Mondinsel besuchen, eventuell einen Ausflug zu den schwimmenden Inseln. Ich freue mich darauf. Ich erwache zwar mit Halsschmerzen, doch meine erste Therapie bei jeglichen Symptomen ist: erst einmal ignorieren. In 90 Prozent der Fälle hat sich das bisher bewährt.

Das gemeinsame Frühstück mit Lena ist jetzt schon richtig vertraut. Sie hat eine dreitägige Wandertour gebucht, die sie bis auf 6000 m führen wird und startet an diesem Tag.

»Meinst du nicht, dass dein Körper sich mal einen Tag lang ausruhen möchte, nach der Anstrengung von gestern?«, frage ich sie.

»Ach, heute sitzen wir ja die meiste Zeit im Bus. Die eigentliche Tour geht ja erst morgen los«, ist ihre Antwort.

Sie erkundigt sich noch, wo am Titicacasee ich eine Unterkunft gebucht habe, weil ihre nächste Station nach der Wanderung auch der Titicacasee sein wird. Vielleicht treffen wir uns ja dort. Es ist ein herzlicher Abschied, mit dem Versprechen in Kontakt zu bleiben und uns vielleicht sogar in Barcelona zu treffen. In den allermeisten Fällen verläuft sich der Kontakt bei solchen Reisebekanntschaften, aber in diesem Moment ist es einfach ergreifend.

Lena ist jetzt abgereist und ich nehme mir gemütlich Zeit für meinen zweiten Kaffee, packe meine Sachen und gehe über die Straße zum Busbahnhof. »Copacabana« heißt der Ort am Titicacasee, den die Busse ansteuern. Beim Betreten des Geländes des Busterminals werde ich von einem der Ticketverkäufer empfangen.

»Cochabamba, Cochabamba, Cochabamba!«

»Wann fährt der Bus los?«, frage ich ihn.

»Jetzt gleich«

Ich kaufe ein Ticket für 4 Euro und er führt mich zum Bus. Wenige Leute sitzen im Bus und er fährt natürlich nicht gleich los. In der Regel fahren die Busse erst, wenn sie einigermaßen gefüllt sind. Ich mache es mir bequem und warte. Doch dann beschleichen mich Zweifel. Cochabamba? Hatte er nicht Cochabamba gesagt? Ich will doch nach Copacabana! Ich frage die Leute in der Reihe vor mir wo der Bus denn hinfährt. »Cochabamba«, ist die Antwort. Ich sitze also tatsächlich im falschen Bus. Also nehme ich meine Sachen und steige wieder aus. Mit dem Wissen von heute hätte ich mal lieber sitzen bleiben sollen und weiterhin vom Titicacasee träumen. Doch hinterher ist man immer schlauer.

Der Versuch den Fahrpreis wieder erstattet zu bekommen scheitert. Naja, vier Euro kann ich verschmerzen.

»Ach, so viele Touristen verwechseln Cochabamba und Copacabana«, bemerkt die Verkäuferin am Schalter. Na wenigstens bin ich nicht die Einzige, der das passiert.

Nach Copacabana fährt von diesem Terminal aus gar kein Bus. Um diesen Bus zu erreichen, muss man mit der Seilbahn bis zum Friedhof fahren. Dort ist die Haltestelle der Busse nach Copacabana. Noch einmal Teleferico fahren ist auch nicht schlecht, die Station der Seilbahn ist nicht weit weg und ich kann noch einmal einen Blick auf das Panorama von La Paz werfen.

Der Weg von der Station der Teleferico zur Abfahrtstelle der Busse führt ein Stück über den Friedhof. Für dieses Erlebnis bin ich auch dankbar. Dass der Friedhof riesengroß ist, hatte ich von der Gondel aus schon gesehen.

Jetzt, einen kleinen Spaziergang über diesen Friedhof zu machen, ist mir sehr willkommen.

Man geht einen langen Gang entlang. Rechts und links sind kleine Fenster, dahinter sind die Särge eingemauert, vier oder fünf Stockwerke übereinander, einer neben dem anderen. Die kleinen Schaufenster sind in den allermeisten Fällen schön geschmückt. Darin befindet sich oft ein Foto des Verstorbenen, eine kleine Notiz wie »Unser lieber Papa, wir vermissen dich«. Dann kann man erkennen, welche Vorlieben der Mensch im Leben hatte. Hinter fast allen Fenstern befindet sich eine kleine Flasche Coca Cola, manchmal sogar mit einem kleinen Glas daneben. In anderen Fensterchen sind Süßigkeiten, ein kleines Schnapsfläschchen, eine Packung Zigaretten oder ein paar Scheine Spielgeld. In sehr vielen Fenstern steht ein kleiner, frischer Blumenstrauß, in anderen ein

Sträußchen mit Kunstblumen. Oder es wurden frische Blumen vor dem Fenster in eine Vase gestellt. Ich nehme mir viel Zeit, die »Gräber« zu bewundern.
Auf der Straße vor dem Friedhof herrscht geschäftiges Treiben. Zahllose Marktstände, an denen frische Blumen verkauft werden, dazwischen Obst und Gemüse und natürlich Kartoffeln. Die Busstation ist wirklich nicht weit weg. Aber es ist keine Station, sondern da steht einfach ein Bus und wartet, bis genügend Leute einsteigen, damit sich die Fahrt lohnt und dann fährt er los. Dieses Ticket kostete nur drei Euro und der Bus wird fast fünf Stunden unterwegs sein.

Verschiedene Händler kommen in den Bus und versuchen ihre Waren zu verkaufen. Ich kaufe einer Frau eine Portion Essen ab. Es ist in Bananenblätter eingewickeltes Quinoa, lecker gewürzt, mit Gemüse und etwas Fleisch. Es schmeckt hervorragend, doch von den zwei Stücken, die in der Tüte sind, kann ich nur eines essen.

Eine indigene Frau setzt sich neben mich, eine richtige Cholita mit kräftiger Statur, breitem Rock, schwarzen geflochtenen Zöpfen und Hut. Sie fragt mich, wo ich das Essen her habe. Ich erzähle ihr von der Verkäuferin, die den Bus aber bereits wieder verlassen hat. Also entschließe ich mich, ihr meine zweite Portion zu geben. Sie bedankt sich und futtert sie schweigend. Als sie fertig gegessen hat, merke ich, dass sie nicht weiß, wo sie mit dem Bananenblatt hin soll. Ich reiche ihr meine »Mülltüte«, eine Plastiktüte, die ich für solche Gelegenheiten stets im Rucksack habe.

»Das ist für den Müll«, sage ich zu ihr und sie steckt das Bananenblatt samt dem Papier hinein. Warum ich dies so ausführlich beschreibe, wird sich später erklären.

Mehrere Versuche meinerseits, mit ihr ins Gespräch zu kommen, scheitern. Sie ist einfach nicht interessiert. Anstatt dessen nimmt sie ihr Handy heraus und schaut sich Tik Tok Filmchen an. Ich hatte schon von anderen Reisenden gehört, dass gerade die indigenen Frauen ganz vernarrt in Tik Tok seien. Jetzt erlebe ich es zum ersten Mal selbst.

Während dieser Fahrt fängt mein Schnupfen an. Ich muss mehrfach heftig schnäuzen. Zum Glück habe ich ja immer Toilettenpapier dabei, trotzdem ist es mir etwas unangenehm. Ich weiß nicht, wie es sich hier in der Kultur verhält, darf man sich in der Öffentlichkeit die Nase schnäuzen? In der Türkei wäre dies unmöglich. Meine türkischen Schüler haben konsequent den Klassenraum verlassen, wenn sie Schnupfen hatten und sich die Nase putzen mussten. Es wäre ihnen unmöglich gewesen, sich vor den anderen Schülern zu schnäuzen. So etwas könnte hier auch der Fall sein, ich weiß es einfach nicht. Außerdem haben wir ja die Coronazeit hinter uns. Öffentlich zu demonstrieren, dass ich erkältet bin, könnte auch deshalb ein Problem sein. Aber ich kann nicht anders, ich muss meine Nase einfach immer wieder putzen und dabei kräftig schnäuzen.

TITICACASEE

Die ersten Blicke auf den Titicacasee kann ich nach mehreren Stunden Fahrt werfen. Doch das »WOW, hier bin ich am Ziel meiner Träume«, empfinde ich nicht. Es ist ein See in einer wunderschönen Berglandschaft. Punkt.

Der mangelnde Enthusiasmus mag aber auch damit zusammenhängen, dass ich mich körperlich immer mehr krank, das heißt erkältet, fühle. Der Bus bleibt in einem Ort stehen und die meisten Fahrgäste steigen aus, meine Nachbarin auch. Ich verstehe nicht, was hier los ist und bleibe einfach sitzen, wie einige wenige Fahrgäste auch. Der Bus fährt auf eine Fähre und jetzt verstehe ich auch, warum so viele Fahrgäste ausgestiegen sind. Die Fähre besteht aus einer großen Metallwanne, in die sozusagen als Fahrspur ein paar Bohlen gelegt sind. Das Ganze sieht nicht sehr vertrauenerweckend aus, doch wenn man kein Vertrauen hat, darf man so eine Reise ohnehin nicht unternehmen. Die Fähre schafft es auf die andere Seite des Wassers zu gelangen und die anderen Leute steigen wieder ein. Sie sind wohl mit einem anderen Boot übergesetzt. Viele haben sich etwas zu essen gekauft, so auch meine Nachbarin. Sie verspeist eine Suppe im Plastikbeutel und danach irgendein Hauptgericht, auch im Plastikbeutel. Die Fahrt geht weiter. Ich muss mich nach wie vor ständig schnäuzen fühle mich mittlerweile zunehmend krank.

Dann bittet mich meine Sitznachbarin, ob ich das Fenster öffnen könnte, was mich sehr verwundert, denn es ist alles andere als zu warm im Bus. Ich habe wirklich keine Lust, jetzt bei geöffnetem Fenster im Fahrtwind zu sitzen. Halbherzig probiere ich zwar das Fenster zu öffnen, bin aber ganz froh, dass es sich nicht öffnen lässt. Meine Nachbarin legt selbst Hand an, aber es funktioniert auch bei ihr nicht. Das Fenster klemmt wohl wirklich. Jetzt wendet sie sich an die Frau auf der gegenüberliegenden Seite und bittet sie, das Fenster zu öffnen.

»Ob es ihr wohl schlecht geht, dass sie so einen großen Bedarf an Frischluft hat«, überlege ich, doch mit diesen Gedanken bin ich sehr naiv. Die Frau möchte sich von dem Müll ihrer Mahlzeit befreien, sie wirft die Reste ihrer Mahlzeit, sprich die Plastikbeutel, einfach aus dem Fenster! Ich bin schockiert! Auch wenn ich längst weiß, dass das in Südamerika ganz normal ist, für mich ist es das eben nicht! Gerne hätte ich etwas dazu gesagt, sie darauf aufmerksam gemacht, wie schädlich es für die Umwelt ist. Außerdem stehen entlang der Rutas überall große Schilder mit der Aufschrift »NO BASURAR«, was so viel heißt wie »keinen Müll hinwerfen«. Ich bin innerlich richtig sauer, weil es mir sehr gegen den Strich geht, dies mit anzusehen. Immer wieder überlege ich mir, sie daraufhin anzusprechen, lege mir schon spanische Sätze in Gedanken zurecht, wie ich es ausdrücken könnte. Letztendlich beherrsche ich mich dann aber doch und sage nichts, auch wenn es innerlich heftig in mir arbeitet. Soll ich, die Gringa, anfangen eine Indigene zu erziehen? Das kommt mit Sicherheit sehr schlecht an. Trotzdem kann ich es nicht fassen: Da verehrt man Pachamama (Mutter Erde) in allen möglichen Varianten, bringt ihr Lamaföten und Menschenopfer dar, damit sie besänftigt ist und dann wirft man ihr den Müll einfach ins Gesicht. Das passt doch nicht zusammen! Aber dann denke ich, dass es überall auf der Welt Widersprüche gibt es. Zum Beispiel werden weltweit jede Menge Waffen produziert und verkauft, »um den Frieden zu erhalten«. Ist das nicht ein noch viel größerer Widerspruch?

Wir fahren in Copacabana ein und ich habe sofort das Gefühl, dass ich diesen Ort nicht mag. Jedes zweite Haus scheint ein Hostel zu sein und trotzdem wirkt der Ort nicht gepflegt. Der Bus hält an einem größeren Platz im Zentrum. Meine Erkältung ist in der Zwischenzeit schlimmer geworden und ich fühle mich schlapp. Vielleicht hilft ein Kaffee. Also mache ich mich auf die Suche nach einem Lokal, in dem es einen Kaffee gibt. Doch da muss ich lange suchen. Selbst in Lokalen an denen außen dran steht »Cafe«, schüttelt man den Kopf auf meine Frage: »Aqui hay cafe?« (Gibt es hier Kaffee). Man schickt mich zum Markt. Dass es auf einem traditionellen Markt in Südamerika sehr unwahrscheinlich ist einen Kaffee zu bekommen, habe ich bereits gelernt. Trotzdem mache ich mich auf den Weg in die mir angezeigte Richtung. Dann sehe ich ein Schild vor einem Restaurant, auf dem verschiedene Speisen stehen und auch ausdrücklich das Wort »Cafe«. In dieses Restaurant gehe ich hinein.

An einem Mitteltisch sitzt ein Mann mittleren Alters, der mit seinem Handy beschäftigt ist. Neben ihm eine junge Frau, wahrscheinlich seine Tochter, auch mit Smartphone beschäftigt. An einem Ecktisch befindet sich noch ein übergewichtiger Jugendlicher, natürlich auch mit Smartphone. Ich frage, ob ich hier einen Kaffee bekommen kann.

»Ja«, ist die kurze Antwort des Mannes und dann sagt er etwas zu seiner Tochter, die daraufhin aufspringt und verschwindet, vermutlich in die Küche. Auch er verschwindet kurz darauf durch die Eingangstür. Das Ganze wirkt sehr unfreundlich auf mich. Nicht lange darauf, habe ich eine Tasse herrlich warmen Instant Kaffee vor mir. An das Trinken von Instant Kaffee habe ich mich seit ich in Südamerika lebe gewöhnt. In größeren Städten gibt es schon auch richtigen Kaffee, oft sogar Cappuccino, aber nur in besseren Lokalitäten und dann zu Preisen wie in Europa. Südamerika ist zwar der Kontinent, auf dem viel Kaffee angebaut und geerntet wird, aber getrunken wird er wohl hauptsächlich in Nordamerika und Europa.

Ein Paar, etwa in meinem Alter, tritt ein. Sie wenden sich an den Jungen und bestellen Almuerzo. Der Junge, sichtlich genervt von der Unterbrechung, geht in die

Küche und gibt die Bestellung weiter. Sehr schnell bekommen sie eine Suppe serviert und danach frittierte Forellenstücke mit Pommes und Reis. Ich bemerke, dass ich auch Hunger verspüre und spreche den Jungen an, weil ich auch ein Almuerzo bestellen möchte. Der steht jetzt an einer Kommode, sehr vertieft in sein Smartphone, und ignoriert meine Ansprache. Vielleicht hat er es auch wirklich nicht gehört. Meine zweite Ansprache ist etwas lauter und bestimmter und jetzt reagiert er.

Die Suppe und das Hauptgericht bringt er dann mit sichtlichem Unwillen, wie bei den anderen Leuten übrigens auch. Alles sind ja Störungen von seinem Handy.

Ein zweiter Junge tritt ein, etwa gleichen Alters, aber schlank. Er trägt eine schwarze Mundschutzmaske, redet ganz kurz mit dem Dicken, setzt sich auf einen Stuhl und vertieft sich in sein Smartphone. Ich vermute, es ist ein weiterer Sohn des Hauses, aber damit liege ich falsch: Er hat einfach nur Essen bestellt und wartet nun darauf. Dies merke ich, als der Dicke mit einer Tüte aus der Küche kommt, sie ihm schweigend übergibt und der Dünne verschwindet. Wortlos, keinerlei Kommunikation, jeder ausschließlich mit seinem Smartphone beschäftigt. Sie sind ähnlichen Alters, gehen vielleicht sogar in die gleiche Schule.

Solche oder ähnliche Szenen habe ich unglaublich oft während meiner Reise beobachtet, wobei die für meine Beobachtung schlimmste tatsächlich eine deutsche Familie betraf, die in La Paz im gleichen Hostel wohnte wie ich. Papa, Mama und der drei- bis vierjährige Sohn kamen zum Frühstück. Kaum saßen sie an einem Tisch, beschäftigte Papa sich sofort mit seinem Smartphone. Mama half dem Kleinen ein Tablett aus der Tasche zu holen und setzte ihm Kopfhörer auf. Bedienen konnte der Kleine das Gerät alleine. Danach setzte sich auch Mama an den Tisch und beschäftigte sich mit ihrem Smartphone.

So saß dann die glückliche deutsche Familie auf Weltreise in der Rooftop Bar mit dreiseiter Fensterfront und fantastischem Blick über La Paz und jeder schaute auf seinen Bildschirm.

Nach meinem Almuerzo nehme ich mir ein Taxi zur Unterkunft. Ich weiß nicht welcher Teufel mich geritten hat, gerade diese Unterkunft auszuwählen. Dass sie außerhalb der Stadt liegen würde wusste ich. Das hatte ich mir sogar bewusst so ausgesucht, denn ich hatte mir ja vorgenommen in Ruhe von den Anstrengungen der vergangenen Tage zu entspannen. »Kulturhaus Sonne und Mond« ist der Name und es ging aus der Beschreibung in der App hervor, dass alles auf Öko ausgelegt ist. Nun, das klang spannend und nach einer weiteren Erfahrung; das wollte ich ausprobieren. Doch bei meiner Buchung war ich gesund gewesen und jetzt fühle ich mich krank.

Das Taxi fährt auf einer schönen Allee direkt am See entlang. Linkerhand befinden sich Häuser, ein Campingplatz und mehrere Hostels, rechts geht es zum See, der nicht mehr als 30 Meter von der Straße entfernt ist. Das Taxi fährt ein ganz schön langes Stück und hält dann vor einem Anwesen, das terrassenförmig angelegt ist und sich steil einen Hang hoch erstreckt. Steile Steinstufen führen nach oben. An der Straße ein Schild mit der Aufschrift: »Eco no Ego« (Öko nicht Ego). Das Gepäck, das wirklich nicht viel und nicht schwer ist, die Treppenstufen hoch zu schleppen, strengt mich schon an. Auf der ersten Terrasse angekommen, begegnet mir eine junge Frau mit Nasenpiercing und Rucksack auf dem Rücken. Sie begrüßt mich sehr freundlich und sagt, ich solle mein Gepäck hier stehen lassen, Valeria (die Besitzerin) sei oben in der Küche, dabei deutet sie auf eine schief stehende Holzhütte auf der 3. Ebene der Terrassen. Dann verschwindet die junge Frau.

Zum Glück hat die Besitzerin wohl meine Ankunft bemerkt und kommt den Hang herunter. Eine Frau in den Fünfzigern würde ich schätzen. Sie trägt warme Wollleggins mit Lamamuster und ein langarm Oberteil. Ich interpretiere, dass man ihr ansieht, in ihrem Leben schon sehr viel gearbeitet zu haben. Die Begrüßung ist wenig herzlich, eher förmlich. Das ist recht selten in Südamerika, meistens werde ich mit einer Herzlichkeit begrüßt, die mich gelegentlich sogar überfordert. Doch hier sind wir ja auch im Hochgebirge und Bergmenschen sind öfters etwas reserviert, wurde mir mal erklärt. Irgendwie wirkt sie auf mich müde und enttäuscht. Sie zeigt mir das Zimmer, das sich zum Glück in einem kleinen Haus, auf gleicher Ebene mit der Terrasse befindet auf der wir stehen, so dass keine weiteren Treppenstufen mehr erklommen werden müssen. Das Zimmer ist fein, daran gibt es nichts auszusetzen. Ein kleiner Raum mit Doppelbett, ein Tischchen, 2 Stühle, das war's. Als wir hineingehen, entwischt gerade eine Katze aus dem Zimmer. Ein Glück, dass ich nicht zu den Menschen mit Katzenallergie gehöre. Ich liebe Katzen und habe auch nichts dagegen, wenn sie in meinem Bett liegen.

Valeria zeigt mir dann noch die Toiletten und die Duschen, welche sich in einem anderen Gebäude auf gleicher Ebene befinden. Eine Dusche wird mit Solar betrieben und hat nur zwischen 12 und 16 Uhr warmes Wasser, erklärt sie mir. Die andere funktioniert mit Strom und habe immer warmes Wasser. Die Küche sei oben, und sie deutet auf die schiefe Holzhütte ganz oben am Hang. Ich sage ihr, dass ich erkältet sei und mich erst einmal ausruhen wolle. Beim Stichwort »Erkältung« zeigt sie mir ihre Steinsauna. Sie wäre ideal, wenn man eine Erkältung habe. Ich solle ihr nur eine halbe Stunde vorher Bescheid sagen, wenn ich sie benutzen möchte, dann würde sie anheizen. Der Preis ist sieben Euro.

Es handelt sich um eine aus großen Kieselsteinen gemauerte Höhle. Ein Holzbalken dient als Sitzbank für eine Person und mit einer Holztür kann man die Höhle verschließen. Sie erklärt mir, wofür diese Sauna alles gut ist. Kaum eine Krankheit, die darin nicht geheilt wird. Das kann ich auch noch einmal auf einem Plakat lesen, welches in dem kleinen Raum aufgehängt ist. Wenn Autosuggestion wirklich heilt, dann ist dies das richtige Konzept. Blöderweise habe ich den Glaubenssatz, dass Sauna zwar gut ist, solange man gesund ist, wenn man aber schon eine Erkältung hat, dann schadet sie eher. Deshalb verzichte ich darauf.

Sie stellt mir noch die Frage, ob ich Frühstück möchte und um welche Uhrzeit. Ich kann zwischen drei verschiedenen Varianten auswählen, die sich zwischen vegan und vegetarisch bewegen.

Ob es denn W-LAN gibt?

Nein, das gibt es nicht.

Dabei hatte ich doch online gebucht, also Internet gibt es auf jeden Fall.

Ich lege mich erstmal ins Bett und schlafe sofort ein. Dabei lasse ich die Tür offen, denn draußen ist es sonnig und warm. Eine junge schwarze Katze besucht mich und wir halten gemeinsamen Mittagsschlaf. Als ich erwache, ist es immer noch schön sonnig. Ich zwinge mich aufzustehen, will ich doch nicht an meinem lange ersehntem Traumziel einfach nur im Bett liegen.

Mit starker Willenskraft schleppe ich mich hoch und gehe den schönen Alleenweg am See entlang zurück in

Richtung Stadt. Große, alte Eukalyptus- und Kieferbäume säumen den Weg. Es fällt mir schwer zu laufen, weil ich mich jetzt richtig krank fühle. Nach circa einem Kilometer komme ich an einer Herberge vorbei, deren Name ich kenne. Bei meiner Buchung hatte ich überlegt dort zu buchen, doch da gab es einige Bewertungen, die von Abrechnungsschwierigkeiten berichteten. Dass ihnen viel mehr Geld abgebucht worden sei, als der vereinbarte Preis war. Deshalb hatte ich mich für die Ökobude entschieden. Ich glaube, ich bereue dies jetzt schon.

Alles macht einen fröhlichen und entspannten Eindruck in dieser Anlage. Es gibt viele Sitzmöglichkeiten auf dem ausgedehnten Hof. Junge Leute sitzen in Gruppen zusammen und plaudern und lachen. An einem Tisch sitzt eine Gruppe von Männern und spielt Schach. Im Hintergrund kann ich mehrere Häuser sehen, in denen sich wohl die Schlafräume befinden. Jedes Haus ist mit einer anderen Farbe angestrichen und das Ensemble wirkt verspielt und freundlich.

An der Fensterscheibe des Büros hängt ein Zettel mit dem WlAN Code. Ich tippe ihn in mein Smartphone, aber es funktioniert nicht. Da kommt ein Mann aus dem Büro heraus und erklärt mir, dass alle Buchstaben in Großbuchstaben eingetippt werden müssen. Er ist der Besitzer des Anwesens. Ich erkläre ihm wo ich wohne und dass es dort kein WlAN gibt. Als ich ihm den

Namen meiner Unterkunft nenne, meine ich etwas Mitleid bei ihm gespürt zu haben. Jedenfalls hat er nichts dagegen, dass ich sein Internet anzapfe.

Ich suche mir eine der vielen Holzbänke aus und setzte mich. Plötzlich kommt die junge Frau, die mir vor einigen Stunden im »Sol y Luna« begegnet war, auf mich zu und begrüßt mich herzlich. Wir unterhalten uns kurz und ich erzähle ihr von meiner Erkältung und dass ich mich krank fühle. Ich frage sie, ob es hier einen Kaffee gibt. Kaffee nicht, aber sie würde mir etwas anderes machen. Sie verschwindet und kommt zurück mit einer Tasse heißem Wasser, worin Rosmarin, Eukalyptusblätter und eine Blüte Calendula schwimmen. Ich bedanke mich ganz herzlich und gebe ihr fünf Bolivianos, über die sie sich sehr freut.

»So eine nette und hilfsbereite Angestellte«, denke ich.

Dann trete ich den Rückweg an. Erst jetzt habe ich etwas Muße, mich dem See richtig zu widmen. Das also ist der Titicacasee, mein so lange erträumtes Ziel. Ich setze mich auf einen Bootssteg und schaue auf das Wasser und die Berge. Was hatte ich nicht alles erträumt und erwartet, wenn ich endlich einmal hier sein werde. Etwas ganz Besonderes wird passieren. Ich werde ganz besondere Begegnungen haben. Ich werde ganz Unerwartetes erleben, und so weiter. Letzteres ist so ja auch eingetroffen, denn dass ich krank am Titicacasee ankommen würde, hatte ich wirklich nicht erwartet. Nun bin ich also hier, halte mal eine Hand in das Wasser, schaue in die Runde und kann es gar nicht genießen, weil mein Körper mir sagt, dass er viel lieber im Bett liegen würde.

Da mir der Tee so gutgetan hatte, beschließe ich zur Küche zu gehen und mir einen weiteren Tee zu kochen. Kräuter gibt es ja wirklich genug auf diesem Grundstück. Ich mache mich also auf den Weg zur dritten Terrasse über eingepasste Steine und Autoreifen. Das ist sehr steil und strengt mich an. Zum Glück entdecke ich, dass es auch noch einen Pfad gibt, der sich serpentinenartig nach oben windet. Da komme ich dann vorbei an kleinen Beeten, auf denen Mais und anderes Gemüse wächst. Sehr liebevoll angelegt und das Gemüse gedeiht auch gut. Überall auf dem Weg begegnet mir Kunst oder Öko. Kunstwerke aus Metall oder Holz stehen herum. An sehr vielen Stellen stecken Schilder mit allen möglichen Sinnsprüchen am Rand der kleinen Beete. »Agua es vida« (Wasser ist Leben) begegnete mir überall, neben diversen anderen Schildern, die allesamt mahnen, die Natur zu achten und zu schützen. Die Beete werden mit einem System aus leeren Plastikflaschen bewässert, recht clever gemacht. Das Ganze wirkt auf mich, als wenn jemand mit viel Enthusiasmus und Engagement ein Projekt gestartet hat, letztlich dann aber von der Realität (sprich: sehr viel Arbeit) eingeholt wurde. An vielen Stellen liegt auch Müll herum, kein Plastikmüll wie entlang der Straßen aber kaputte Stühle, Kisten und andere ausrangierte Sachen. An einer Stelle sind die Steine, die die Terrasse halten, abgerutscht, so dass sich die Erde über den schmalen Pfad vor der Terrasse ergießt. Und überall diese Mahnschilder, wie man die Natur achten und schützen soll. Ich spüre, wie sich bei mir etwas Widerstand aufbaut gegen diese Schilder. Es ist der erhobene Zeigefinger, den ich darin sehe, welcher mich in die Antihaltung gehen lässt.

Die »Küche« ist eine, mit Balken abgestützte Bretterhütte, welche auf einer Seite offen ist. Der Fußboden ist aus Lehm, mit eingelassenen großen Kieselsteinen, wie sie am Seeufer zu finden sind. Der ganze Raum wirkt dunkel und es stinkt nach Rauch. Tatsächlich befindet sich eine Feuerstelle rechterhand, welche auch noch warm ist. Dies ist eine gemauerte Lehmhöhle am Boden, in der noch Glut ist. Ein Metallrohr in der Mitte führt nach oben. Darüber so etwas wie eine Kochstelle und ein Rohr, das nach draußen führt. Ich verstehe das System nicht, aber irgendwie scheint man darauf kochen zu können. Neben diesem »Herd« befindet sich eine Arbeitsplatte, die ursprünglich mal schön mit Mosaiksteinen belegt gewesen sein muss. Leider haben sich schon sehr viele der Mosaiksteine verabschiedet und das ganze sieht jetzt einfach nur dreckig aus. Auf dieser Platte steht ein gasbetriebenes Zwei-Flammen-Kochfeld. Zum Glück etwas, mit dem ich etwas anfangen kann. Ich hatte schon die Befürchtung gehegt, dass erst der Ofen angeheizt werden muss, um sich eine Tasse Tee kochen zu können. Ich suche mir einen Topf. Den finde ich gegenüber an der Spüle. Auch diese Spüle ist unterster Standard, aber es gibt immerhin fließend kaltes Wasser und ein Spülbecken. Rund um die Spüle hängen Drahtkörbe mit Tellern und Tassen aus Plastik, ein paar Töpfe und etwas Besteck ist auch zu finden.

Ich nehme also einen der emaillierten Töpfe aus dem Ständer, fülle etwas Wasser aus der Leitung hinein und versuche die Flamme des Kochers zu entzünden. Gas strömt zwar aus, das kann ich riechen, aber das Feuerzeug, das daneben liegt, ist kaputt. Ich finde noch ein weiteres Feuerzeug, auch das ist defekt, doch nach mehreren Fehlversuchen habe ich Glück und die Gasflamme brennt. Während das Wasser sich erwärmt, schaue ich mich weiter in diesem Raum um. Es gibt einen Tisch in dem Raum beziehungsweise zwei Holzbohlen, die irgendwie zu einer Tischplatte befestigt sind. Die Bank an der Wand ist ein Baumstamm auf Stelzen. Der »Stuhl«, auf dem ich sitze, ist ein Stück Baumstamm, senkrecht aufgestellt. Das hätte alles gemütlich wirken können, tut es aber nicht, denn sowohl der Tisch, als auch das Regalbrett dahinter sind vollgepackt mit Gerümpel und Krempel. In der Ecke steht ein Wasserspender mit einem 30-Liter-Fass, das zur Hälfte mit Wasser gefüllt ist. Ich frage mich, wer dieses Fass wohl hier nach oben geschleppt hat – und wann? Ich habe keinerlei Bedürfnis, von diesem Wasser zu nehmen. Bestimmt steht es schon Jahre dort.

Ich spüre, dass ich auf Toilette muss. Überall stehen Schilder, man solle lieber das »Bano seco« (Trockenklo) benutzen, weil es besser für die Umwelt sei. Ich öffne die Tür des Bano seco und entscheide mich für die »Inkatoilette« (in freier Natur).

Als mein Wasser einige Zeit gekocht hat, nehme ich eine der beiden Keramiktassen (alle anderen sind aus Plastik) und schütte meine Zutaten hinein: Eukalyptusblätter, Calendulablüten und Minze, welche ich noch im Garten gefunden habe. Darüber das heiße Wasser und damit ab ins Bett. Es ist jetzt schon dunkel und wieder richtig kalt und ich friere wieder. Wie schon mehrmals auf dieser Reise, lasse ich alle meine warmen Kleider an, die ich dabei habe und gehe damit ins Bett. Über mein Langarm-T-Shirt, den Wollpulli und die Surferjacke, kommen dann noch die dicken, schweren Decken. So liege ich im Bett – und friere. Vor allem habe ich kalte Füße. Wieder stehe ich vor der Wahl zwischen nicht einschlafen können wegen kalter Füße, oder noch einmal aufzustehen, den Weg zur Küche noch einmal anzutreten und mir meine Wärmflasche zu füllen. Ich entscheide mich für letzteres. Also noch einmal den steilen Berg nach oben, diesmal mit Handy Taschenlampe. Anders als in der Herberge nahe der chilenischen Grenze, kann ich mir das Wasser für meine Wärmflasche jetzt selbst machen und es wird richtig heiß gemacht.

Trotz Wärmflasche und damit warmen Füßen verbringe ich eine fürchterliche Nacht. Zu dem Schnupfen gesellt sich jetzt noch ein Husten. Am nächsten Morgen fühle ich mich wie gerädert.

Die Vermieterin kommt pünktlich um acht Uhr mit dem Frühstück. Sie serviert es mir auf einem kleinen Tischchen im Freien, welches zu diesem Zeitpunkt von der Sonne beschienen ist. Das Frühstück ist gut. Selbstgebackene Vollkornfladen mit zwei Spiegeleiern und einer Tasse Kaffee. Sie stellt mir das Tablett mit dem Frühstück auf das Tischchen und verschwindet. Keine Frage wie es mir geht oder ähnliches. Dabei sieht man mir wirklich an, dass ich krank bin. Das kann ich im Spiegel sehen. Zum Glück hatte ich für genügend Trinkwasservorrat gesorgt, denn eine Flasche Wasser hätte ich bei ihr bestimmt nicht kaufen können und in der Nähe gibt es auch kein Geschäft.

Nach dem Frühstück lege ich mich wieder ins Bett und verbringe den ganzen Vormittag dort. Eine andere kleine Katze leistet mir Gesellschaft. Mein Husten wird immer schlimmer. Als ich einmal aus meiner Wasserflasche trinke, vorher aber nicht bewusst tief eingeatmet hatte, spüre ich regelrecht Atemnot. Die Zeit, die ich brauche, um das Wasser hinunter zu schlucken reicht aus, um mir das Gefühl zu geben, dass ich ersticken würde. In diesem Moment wird mir klar: »Ich muss hier weg!« Ich würde mich auf dieser Höhe und vor allem in dieser Unterkunft nicht auskurieren können. Ich muss dringend in eine Gegend, die unter 3000 Meter liegt. Also schmiede ich einen Plan. Ich habe nicht die Kraft, meine Tasche einen Kilometer bis zum nächsten Hostel zu schleppen. Ein Taxi rufen von meiner Unterkunft aus geht nicht, weil ich kein Internet habe. Also entschließe ich mich aufzustehen und den Weg zum anderen Hostel erst einmal ohne Gepäck zu bewältigen. Der Weg fällt mir heute noch schwerer als am Tag zuvor. Dort angekommen, kommt die nette Angestellte von gestern wieder auf mich zu. Ich freue mich, sie zu sehen und bestelle einen Kaffee bei ihr. Es dauert lange, dann kommt sie mit einem angebrochenen Beutelchen Instant Kaffee und sagt, dass sie nur noch diesen gefunden habe. Damit bereitet sie eine Tasse Kaffee und serviert ihn mir. Ich frage sie nach ihrem Namen. Franziska heißt sie und kommt aus Argentinien, erzählt sie mir. Sie ist so riesig nett und herzlich. Ich erzähle ihr, dass es mir sehr schlecht gehe und ich heute wieder abreisen werde, weil mir die Höhe sehr zu schaffen macht. Ich spüre echtes Mitgefühl bei ihr.

Nach dem Kaffee frage ich den Besitzer, ob er mir ein Taxi rufen könne. Natürlich ist das kein Problem. Der Besitzer begleitet mich noch zur Straße und wartet mit mir auf das Taxi. Ich will seine Angestellte loben und erzähle ihm, welch nette und hilfsbereite Person Franziska sei, die bei ihm arbeitet.

»Ich habe keine Angestellte, die Franziska heißt«, entgegnet er, »das muss ein Gast sein.«

Oh je, und ich hatte so souverän Kaffee und Tee bei ihr bestellt. In diesem Moment kommt Franziska mit ihrem Rucksack auch auf die Straße, bereit zur Abreise. Sie stellt sich zu uns und gibt mir damit Gelegenheit mich bei ihr zu entschuldigen und aufzuklären, dass ich sie für eine Angestellte gehalten habe. Sie findet es lustig, der Besitzer auch, nur mir ist es peinlich. Ja und dann erinnere ich mich, dass sie bei unserer ersten Begegnung ihren Rucksack getragen hatte und wahrscheinlich aus meiner jetzigen Unterkunft abgereist war. Also auch sie hatte es in dieser Ökobude nicht ausgehalten und sich offensichtlich eine neue Bleibe gesucht. Das ergibt Sinn.

Das Taxi kommt. Ich erkläre dem Fahrer, dass er mich zu »Sol y Luna« fahren soll, kurze Zeit warten und dann in die Stadt zum Busbahnhof fahren. Der Preis, den er verlangt, ist vernünftig, er nutzt meine Situation nicht aus.

So steige ich also zum letzten Mal die steilen Steinstufen nach oben, denke ich, während ich diese Anstrengung unternehme. Meine Sachen sind schnell gepackt. Ich stopfe alles in meine Reisetasche, schaue mich mehrmals im Zimmer um, schaue unterm Bett, ob da vielleicht noch etwas liegt. Alles weg, alles eingepackt, super. Die 15 Bolivianos für das Frühstück lege ich aufs Bett. Auf die zweite Nacht, die ich schon bezahlt habe, verzichte ich gerne. Irgendwie tut Valeria mir auch leid. Beim Heruntersteigen der steilen Treppe kann ich sie sehen. Sie ist unten am See und wäscht Wäsche, ganz traditionell mit der Hand. Ich kann gerade beobachten, wie sie ein Wäschestück auf einem Stein immer wieder aufschlägt.

Das Taxi bringt mich zum Busbahnhof, dort wartet schon der fast volle Bus auf die letzten Fahrgäste, dass es losgehen kann. Ich kaufe ein Ticket, meine Tasche wird im Gepäckraum verstaut und ich steige ein. Während Südamerikaner, wie ich sie kennengelernt habe, in der Regel stets entspannt, locker und »tranquillo« sind, ändert sich dies sofort, wenn man einem abfahrenden Bus in die Nähe kommt. Diese Hektik beim Verkaufen der Tickets und beim Einladen von Gepäck kenne ich aus bisher jeder südamerikanischen Stadt, in der ich war.

Endlich sitze ich im Bus, habe einen schönen Fensterplatz und freue mich darauf, dass der Bus bald losfährt und mich in eine tiefer gelegene Gegend bringt. Und dann kommt die Eingebung von oben:

»Wo habe ich eigentlich meine Bauchtasche, mit meinem Reisepass und meiner Kreditkarte?«

Am Körper trage ich sie nicht. Im Rucksack ist sie auch nicht und dass ich sie in die Reisetasche gesteckt hätte, kann ich mich auch nicht erinnern. Schlagartig fällt es mir ein. Ich hatte sie gestern Abend unter mein Kopfkissen gelegt und heute Morgen nicht herausgeholt. Da liegt sie hoffentlich noch. Es hilft nichts, ich muss zurück, um sie zu holen. Also schnell wieder aussteigen, die

Tasche zurück erbitten, Fahrgeld gibt es natürlich nicht zurück; aber das kenne ich ja schon. Auch diesmal ist es kein Betrag der schmerzt. Schwieriger ist es ein Taxi zu bekommen. Dabei hilft mir dann der Ticketverkäufer. Danach läuft alles wie am Schnürchen. Meine Bauchtasche liegt tatsächlich unter dem Kopfkissen – welch eine Erleichterung! Zum Glück ist es mir eingefallen, bevor der Bus losgefahren ist. Nicht auszudenken, wenn es mir unterwegs oder in La Paz erst eingefallen wäre. Ich hätte den ganzen Weg noch einmal machen müssen, egal wie krank ich mich fühle.

Bei meiner zweiten Ankunft am Busbahnhof, ist der nächste Bus bereit für die Abfahrt. Ich muss selbstverständlich neu bezahlen und bekomme gerade noch einen Platz auf der letzten Bank, zum Glück am Fenster. Eine einheimische, schlanke Frau setzt sich neben mich. Dann kommt eine richtig kräftige Cholita und belegt den Platz neben meiner Nachbarin. Am gegenüberliegenden Fenster sitzen schon zwei Männer. Nun ist als letzter Platz im gesamten Bus nur noch ein Platz auf der Rückbank frei, aber nicht wirklich, weil die Cholita so viel Raum einnimmt. Ein, zum Glück sehr schlanker, Mann kommt und will diesen belegen. Er schätzt die Lage ein und sieht, wie wenig Platz eigentlich für ihn übrig geblieben ist, dank der Körperfülle der Cholita. Dann spricht er sie an mit den Worten:

»Du bist aber ganz schön kräftig!«

Ich bin mir zuerst nicht sicher, ob dies eventuell sogar ein Kompliment sein könnte, doch als ich bemerke, welchen Blick die Cholita daraufhin ihrer Nachbarin zuwirft, wird mir klar, dass sie es nicht als Kompliment aufgefasst hat. Jedenfalls schafft der Mann es, sich noch dazwischen zu quetschen, unter anderem dadurch, dass wir alle etwas zusammen rücken. Die Fahrt geht los. Letzte Blicke auf den Titicacasee, aber völlig emotionslos. Schon eher das Gefühl »zum Glück komme ich hier weg«. So hatte ich mir das wahrlich nicht vorgestellt, all die Jahre, wo ich von dem Augenblick geträumt hatte, einmal am Titicacasee zu sein. Wie heißt es so schön: »Erstens kommt es anders, zweitens als man denkt.« Vielleicht gibt es ja noch eine zweite Gelegenheit, den See meiner Träume zu erkunden und zu genießen. Vielleicht …

Meine Sitznachbarin ist nicht sehr gesprächig, aber auch nicht abweisend. Mir ist allerdings auch nicht nach Konversation zumute. Ich beschließe eine Nacht in La Paz zu verbringen und danach nach Cochabamba zu fahren. Diese Stadt liegt auf 2500 Meter und jeder Reisende hatte mir bisher erzählt, wie schön es dort sei.

Es ist schon Abend, als wir in La Paz ankommen. Der Bus hält wieder in der Nähe des Friedhofs.

»Du kannst dir ein Taxi nehmen in die Stadt«, erklärt mir meine Sitznachbarin. »Es ist nicht teuer, zehn Bolivanos, für dich fünfzehn, weil du Ausländerin bist.«

Über diese Offenheit muss ich schmunzeln. In der Tat ist es dann auch so. Ich frage den Taxifahrer nach dem Preis und erhalte als Antwort: »Fünfzehn«. Ich habe keine Lust, in Verhandlungen zu gehen. 2,10 Euro ist ein Preis, den ich akzeptieren kann für eine Taxifahrt.

Merkwürdigerweise fühle ich mich in La Paz schon etwas weniger krank, obwohl es doch gar nicht so viel tiefer liegt als Copacabana. In »mein« Hostel zu kommen fühlt sich für mich schon fast an, wie wieder nach Hause zu kommen. Diese Nacht schlafe ich gut.

Am nächsten Morgen, nach dem köstlichen Frühstück in meinem Hostel geht es dann wirklich nach Cochabamba. Diesmal erwische ich einen sehr luxuriösen Bus mit Liegesitzen, der auch etwas teurer ist.

In jeder größeren Stadt in Südamerika gibt es Busterminals, an denen verschiedene Busunternehmen um die Kundschaft werben. Deshalb auch die »Marktschreier«, die möglichst am Eingang schon die reisewilligen Kunden abfangen. Das ist dann oft ein hektisches Durcheinandergerufe. Der Eine ruft »Cochabamba, Cochabamba, Cochabamba, …«, der nächste »Santa Cruz, Santa Cruz, Santa Cruz …« und ein anderer »Oruro, Oruro, Oruro, …« Ich mag diese Atmosphäre.

Es gibt Unternehmen mit sehr luxuriös ausgestatteten Bussen und andere, deren Busse eben einfacher sind. Danach richtet sich auch der Preis. Ich habe es allerdings noch nie geschafft, eine bewusste Auswahl zu treffen. Wenn einer der Ticketverkäufer den Namen der Stadt ruft, in die ich reisen möchte, mache ich den Deal mit ihm, beziehungsweise werde ich von ihm zu dem Schalter geführt, an dem die Tickets verkauft werden.

Bei der Ausfahrt aus dem Terminal muss jeder Fahrgast noch eine kleine Gebühr bezahlen: Terminalgebühr! Ja und dann geht es, nachdem wir La Paz verlassen haben, durch herrliche Landschaften der Anden. Ich feiere jeden Höhenmeter, den wir nach unten fahren. Nach etwa drei Stunden Fahrt hält der Bus auf freier Strecke an. Aus dem was der Fahrer und der Busbegleiter dann unternehmen kann ich mutmaßen, dass es an Kühlwasser fehlt. Der Busbegleiter läuft nämlich mit zwei leeren Plastikflaschen in ein Tal und kommt mit gefüllten Flaschen zurück. Dieses Wasser gießen sie dann in eine Öffnung des Busses.

»Na, hoffentlich sind die Bremsen in Ordnung«, denke ich.

COCHABAMBA

Am frühen Nachmittag erreichen wir Cochabamba. Ich hatte mir, wie immer, vorher den Weg vom Busterminal zur Unterkunft als Screenshot im Handy gespeichert. Es ist nicht weit, man kann es laufen. Doch dann kommt wieder alles ganz anders. Der Bus hält irgendwo an einer Kreuzung und wir werden informiert, dass er nicht zum Terminal fahren könne, weil auf der Straße getanzt wird. Wir müssen alle an dieser Stelle aussteigen und mit einem Taxi weiter fahren.

»Warum wird auf der Straße getanzt?«, frage ich den Fahrer beim Aussteigen.

»Wegen Karneval«, ist die Antwort.

»Das kann doch nicht wahr sein. Karneval ist doch schon seit zwei Wochen vorbei«, entgegne ich.

»Ja, aber hier in Cochabamba feiert man Karneval etwas länger«, erklärt mir der Fahrer. Nun ja, habe ja jetzt schon lange keinen Karneval mehr erlebt. Wie heißt es so schön: »Einer geht noch«.

Doch mein Unmut verfliegt, als ich dem Umzug näherkomme. Es ist ein traditioneller Umzug mit den bunten Kleidern und Kostümen. Die Teilnehmer tanzen sehr energiegeladen und mit sehr viel Freude. Nun komme auch ich in den Genuss, diese tollen traditionellen Tanzgruppen und Trachten zu sehen, für welche die Leute in Oruro so viel Geld bezahlen. Es ist sehr beeindruckend. Auch beeindruckend ist, mit welcher Freude die Menschen am Straßenrand dem Treiben zusehen. Und natürlich darf auch hier nicht fehlen, dass man sich gegenseitig mit weißem Schaum besprüht und das sehr lustig findet.

Nachdem ich dem Treiben etwa eine Stunde zugeschaut habe, merke ich doch, dass ich mich lieber ausruhen würde und nehme mir ein Taxi zur Unterkunft. Die Straßen sind leer, nur sehr wenige Autos begegnen uns.

»Hier gibt es aber nicht viel Verkehr auf den Straßen«, sage ich zum Taxifahrer.

»Ja, das ist wegen der Parade. Alle Leute schauen sich jetzt die Parade an«, meint er.

Diesmal habe ich mit meiner Wahl des Hostels wieder richtig großes Glück. Ein tolles Gebäude, ganz im Zentrum, mit nicht nur einem, sondern gleich mehreren Innenhöfen, die allesamt sehr gemütlich und einladend zum Verweilen sind. Die Zimmer sind schön, groß und sauber, die Angestellten sehr nett und an der Rezeption sprechen sie besser Englisch als ich Spanisch. Dass es überall WlAN gibt, brauche ich wohl gar nicht erst erwähnen. Nach meiner Erfahrung am Titicacasee feiere ich jedes dieser Details.

Ja, und von Cochabamba kann ich einfach nur berichten, dass ich die Stadt wunderschön finde. Ähnlich wie in Sucre ist der koloniale Baustil in der Innenstadt vorherrschend. Große, zweistöckige Gebäude mit tollen Innenhöfen, viele davon sind zu Gaststätten oder Geschäften umfunktioniert worden. Das Klima ist sehr angenehm, vergleichbar mit einem deutschen Sommer. Dies sei mehr oder weniger das ganze Jahr über so, wird mir von Einheimischen berichtet. Es gibt tolle Cafés und der Kaffee schmeckt gut. In der Stadt gibt es eine große Universität, so dass viele junge Leute die Straßen bevölkern. Cochabamba ist eine moderne Stadt, die sich aber ihren südamerikanischen Flair erhalten hat. Außer dem Gemüsemarkt, der wieder berauschend für mich ist, gibt es einen großen Markt für Kunsthandwerk, auf dem ich viele Mitbringsel für meine Enkelkinder in Deutschland einkaufen kann. Ich habe mich regelrecht in diese Stadt verliebt. Eine knappe Woche bleibe ich dort und genieße das Flair dieser Stadt. Meine Gesundheit ist nach zwei Tagen wieder vollständig hergestellt, ich hatte also doch hauptsächlich unter der Höhe gelitten.

Die Zeit in Cochabamba nutze ich auch zur Reflexion der vergangenen Wochen. Würde ich so eine Reise noch einmal machen? Ganz eindeutig JA. Aber mit dem Wissen von jetzt würde ich natürlich einige Dinge anders machen. Ich würde mich auf jeden Fall im Vorfeld erkundigen, ob es Medikamente gibt, um mit der Höhe besser zurecht zu kommen. (Gibt es, helfen aber nicht zuverlässig, erfahre ich später von meiner Tochter). Ich würde mir auch mehr Zeit nehmen für schöne Orte und dort länger verweilen. Dies hatte ich ja eigentlich für den Titicacasee eingeplant.

Andererseits könnte die gleiche Reise aber sogar langweilig sein, wenn alles klappt wie am Schnürchen. Sind es nicht gerade die Unwägbarkeiten, die Überraschungen, die Dinge die eben nicht so laufen, wie wir uns das vorgestellt hatten, die das Leben interessant machen?

Von Cochabamba weiß ich zum Beispiel gar nicht viel zu erzählen, außer dass es schön ist. Ich könnte jetzt berichten, wie ich mit der Seilbahn zur Jesusstatue gefahren bin, die übrigens größer sein soll, als die in Rio de Janeiro. Ich könnte schildern, wie sehr ich das tolle Frühstück im Hostel jeden Morgen genossen habe, von den tollen, geschmackvoll eingerichteten Cafés schwärmen oder von dem riesengroßen Markt mit allen Dingen, die Menschen im Leben brauchen können. Aber ist das wirklich interessant oder berichtenswert? Alles ist immer nur schön für mich in Cochabamba.

Nach fünf Tagen zieht es mich wieder nach Hause. Und mit »zu Hause« meine ich diesmal Paraguay. Es gäbe noch so vieles zu entdecken in Bolivien, doch irgendwie reicht es mir im Moment. Ich möchte gar keine neuen Eindrücke mehr sammeln, ich möchte jetzt erst einmal in Ruhe das verarbeiten können, was ich erlebt habe.

Meinen ursprünglichen Plan, mit dem Bus zurück nach Asunción zu fahren, gebe ich auf, als ich feststelle, dass ich auch sehr günstig fliegen kann. Über 30 Stunden im Bus und noch eine Übernachtung in Santa Cruz, wo es sehr heiß und schwül sein soll, darauf kann ich verzichten.

Während der Taxifahrt zum Flughafen verabschiede ich mich innerlich von Cochabamba und von Bolivien, mit dem festen Vorsatz:

ICH KOMME WIEDER.